青岛市崂山区图志系列丛书

崂山区图志

·传统民居卷

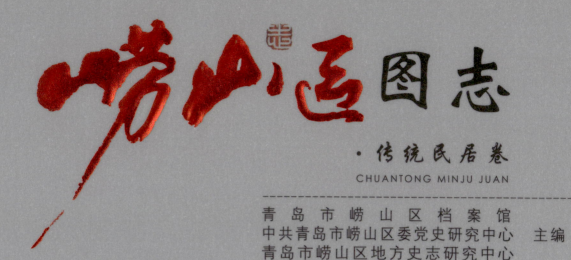

CHUANTONG MINJU JUAN

青岛市崂山区档案馆
中共青岛市崂山区委党史研究中心　主编
青岛市崂山区地方史志研究中心

中国海洋大学出版社
CHINA OCEAN UNIVERSITY PRESS
·青岛·

青岛市崂山区图志系列丛书

崂山图志

·传统民居卷

CHUANTONG MINJU JUAN

青岛市崂山区档案馆
中共青岛市崂山区委党史研究中心　主编
青岛市崂山区地方史志研究中心

中国海洋大学出版社
CHINA OCEAN UNIVERSITY PRESS
·青岛·

《崂山区图志·传统民居卷》编审人员

主　　审：张元升　杨克敏

副 主 审：徐奎旺　栾兴纲

主　　编：张青海

副 主 编：臧先锋（执行）　付　莉　王清华

主　　笔：马立群　马连成

特邀编审：王明伦

编　　辑：林先建　李　忠

摄　　影：（以姓氏笔画排列）

马连成　马斌臣　王元德　王佳晖　王金森　王晓飞

曲志强　吕　腾　仲维利　刘同福　闫恒瑞　江线贤

李玉兰　李松山　李振宇　杨继萍　宋　琦　宋乃英

张　云　张丰庭　张世寿　陈玉梅　宫瑞芳　高瑞杰

郭东明　董广文　褚建民　谭竹文　翟英奇

航　　拍：高瑞杰　李松山

篆　　刻：王海明

顾　　问：何喜昌　刘振居　姜兆阳　曲修贵　李泽申

王泽东　毕可鹏　刘承田　张文俭　曲孝伟

温志弟　温志敏

凡 例

一、《崂山区图志》的编纂工作，根据国务院《地方志工作条例》《山东省地方史志工作条例》及《青岛市地方史志编纂行文规范》的要求，力图运用新观点、新方法、新材料，体现出崂山区的历史与现状，反映出应有的时代特点和地方特色，达到思想性、科学性和资料性的有机统一。

二、《崂山区图志 · 传统民居卷》为图志系列丛书第九卷。本书图文并茂，以图为主、以文为辅，从崂山传统民居的角度，较为全面地记述崂山区民居的布局、形制、营造技艺、建造习俗、建筑风格等方面的内容。

三、本书记述的地理范围为现崂山区区域，记述对象为崂山传统民居，特别是以崂山山区极具特色的石砌民居为主，兼及其他区域、其他营造方式民居。

四、本书文字来源于崂山地方志书、地情文献资料、实地调查资料及口述资料。图片资料主要由崂山老摄影家协会摄影家们拍摄，编纂人员实地采访考察过程中亦拍摄了部分图片。另外，为更全面地反映崂山区传统民居，从崂山区档案馆图片资料库中选择补充了部分图片。图片未能一一署名；对未署名或对该志做出贡献者，在此表示衷心的感谢。

五、崂山区传统民居的研究是一项复杂而专业的工作，本书内容主要依据查阅和调研的资料编写，以作为该项研究的抛砖引玉之作。由于调查样本、专业水平和图片资源所限，疏漏之处在所难免，恳请读者批评指正。

目 录

概　述

传统民居是指具有独特的地域环境、丰富的文化内涵和形式各异的建筑风格等特色的民居聚落。传统民居建筑充分结合当地的自然条件、气候特征、风土人情、文化习俗等，因地制宜、就地取材，是经过历史流传形成的具有本土特征的民间住宅形式。

自然环境是村落建立和发展的必然条件，它对崂山传统民居形成的影响最为深刻。山峦丘陵遍布的地貌、暖温带大陆性季风气候和海洋性气候交织而形成的“夏无酷暑、冬无严寒”的气候特征，都是决定崂山村落分布和崂山传统民居特征的关键因素。村落建立之初，即对气候、地形、水系、植被等要素进行甄选，并最终确立位置，这是前人趋利避害的智慧，也是经过漫长岁月验证后所做出的最佳选择。

崂山的村落多沿山势环绕分布，或依水傍崖，或濒海近滩。有的聚集于平旷的田畴垄亩，有的散布在峻秀的山间谷地。复杂多样的地形地貌，互依共存的劳动分工，特定的劳作方式和生活意趣，构成了一个个相对独立、结构各异、形态别致的村落空间。

崂山村落里的传统民居根据气候条件、地形地貌、水源河流等特点，在材料使用、房屋构造和建造风格上形成浓厚的地方特色。这些民居是伴随崂山农耕方式和渔业文化的发展而生成的，依照传统建造技术，无须宏大规划和高超技艺，其最具典型性的是山区的石砌民居。由于受复杂多样的地形地貌等自然条件所限，崂山传统民居均就山势而营建，多以石块砌成，采用木构架硬山墙，屋顶为“人”字形双坡顶。旧时，屋顶用草披，两坡双流水，左邻右舍接山连墙，各家自成院落。崂山民居有一合院、二合院、三合院、四合院。一合院由正屋和三面院墙组成；二合院由一正屋一倒座（或一厢屋）组成；三合院由正屋、东西厢屋或倒座和一面院墙组成，形成有纵深感且功能搭配合理的独立空间；稍富裕之家则建有由正屋、东西厢屋和倒座组成的四合院。

崂山传统民居在平面布局上，为了接收更多的阳光照射和避免遭受北方寒流的侵袭，大都坐北朝南，或者顺应地势，尽可能朝南，在南向开门窗，北向不开窗或者开小窗。民居正屋以三间为主，也有四间、五间的，劳动力缺乏、条件不好的家庭的房屋仅两间。一座民居中，开户门的明间为正间，左右两侧为东间、西间，再往里的房间为套间（俗称里间）。房屋进深 4.5 米左右，屋檐高 2 米左右。因位置与功能不同，各间的开间尺寸不统一。正间宽为 3.3 米左右，东间、西间宽 2.2 米左右，套间则更小。东西两侧分别为东厢屋或东平房（用长条石覆盖的平顶晒台式厢屋）、西厢屋或西平房，部分院落正屋对面建有倒屋。

正间是居家生活的中心，设一东一西两个锅灶，烟道分别通往东、西间炕内，供日常做饭排烟和冬季热炕取暖。正间的上方用木板或高粱秸搭一顶棚，也称天棚，冬天可供存放地瓜等食物。正间北侧一般放置八仙桌或吃饭桌，春节期间则摆放祭桌。东、西两间的天花板称为仰棚或仰场，多用花纸贴糊，并饰以蝙蝠、团花等剪纸图案。各房间的分配，一般以长幼为序。同住正屋时，长辈住东间，晚辈住西间。人口较多的家庭，通常长辈住正屋，晚辈住厢屋。倒屋一般不住人，普通人家用来堆放柴草或杂物、农具；有身份的人家用来待客，故又称客屋。

多数人家设前后两院，前院称天井，面积较大，是一家人日常活动的主要场地。天井西南或东南角建人厕与猪栏兼用的“圈”。后院也称“滴水院”，面积很小，其功用是挡住后窗，保障安全，以免“后窗临街，不成住处”。院墙旧时多用石块垒成，按常规，院墙不得高于屋檐。左右“接山”的两户人家院子中间的界墙一般由两家共同出资修建，称为“中界墙”或“伙墙”。临街院墙留有大门，俗称街门。大门为两扇，一般漆成黑色，其上修有门楼。寻常人家的门楼很简陋，多用草苫盖顶。没修门楼的大门叫土门子。大门内多有照壁，上书“福”字或绘有鸣鹿飞鹤等图案，既寓意福祉，又可美化庭院，并阻挡外部视线。

崂山传统民居分布于崂山全境。那些石墙红瓦的老屋，如同一位位饱经风霜的老人，诉说着过往的岁月。置身其间，我们看到的是数百年来能工巧匠依山随形、因地制宜的高超建造技艺，体验的是农耕时代先民们牧海耕田、令人动容的人间烟火气。

第一章 传统村落

第一节 地理环境

崂山，位于山东半岛南部的黄海之滨，三面环海，背负平川，以中国大陆1.8万余千米海岸线上第一高山而闻名，素有“海上名山第一”之称，更有“泰山虽云高，不如东海崂”的美誉。崂山东高而悬崖傍海，西缓而丘陵起伏。山脉绵亘数百平方千米，以崂顶为中心向四面延伸，尤以西北、西南两个方向延伸较长，形成了巨峰、三标山、石门山和午山4条支脉，海拔500米以上的山峰有28座。其中，俗称“崂顶”的巨峰，海拔1132.7米，“峻秀横天东，下插沧海高凌空”。崂山的余脉沿东部海岸向北至即墨市的东部，向西抵胶州湾畔，向西南则延伸到青岛市区，形成了市区的10余个山头和跌宕起伏的丘陵地形。飞瀑、深潭、冽泉处处碧琼琉璃，点缀峻山幽谷。崂山矿泉水清澈透明，甘醇可口，储量达3.36亿立方米，23条河流以巨峰延伸的各大山脊为分水岭，沿山谷呈放射状扩展，曾为青岛市区主要的水源地。

崂山山峰

崂山云海

从崂山顶远望午山、浮山及青岛市区

崂山东部海岸

崂山北九水外三水

崂山属暖温带大陆性季风气候，四季变化和季风进退较为明显。春季干燥少雨，气温回升慢；夏季湿热多雨，少见酷暑；秋季空气清新，云淡气爽；冬季风多温低，极少严寒。由于濒临黄海，受海洋的调节作用，又表现为昼夜温差小、无霜期长和湿度大等海洋性气候特点。年平均地面温度14.2℃～15.0℃；年平均日照时数2281.4小时；年平均雾日50天，雾季集中在春末夏初，多为平流雾（海雾）；年平均风速2.7米/秒，11月至翌年3月多北风和西北风，4～8月多南风和东南风，9～10月北风和南风风势基本相等。

崂山之春

崂山之夏

崂山之秋

崂山之冬

崂山发育了典型的花岗岩地貌，其特色为剑锋千仞、山峦巍峨，山谷呈现出典型的断裂地貌特征，悬崖峭壁，山谷幽狭。花岗岩分布于整个崂山山区，储藏量约为343.58万立方米，多含白色石英，耐腐蚀，抗风化，质感细腻，质地坚硬，可用作建筑和雕琢用品，是崂山传统民居的主要建筑材料。

崂山花岗岩地貌

崂山花岗岩地貌

“靠山吃山”，崂山人自古即以开山采石为业。近代以来，随着青岛城市建设的大规模展开，石材需求量激增，崂山采石业快速发展。到20世纪七八十年代，崂山采石业、石料加工业达到兴盛时期，各村从事采石和雕刻加工的石匠众多，各采石场加工、销售一条龙，规模不断扩大。采石业一度成为崂山人的一项重要经济来源。进入21世纪，为保护崂山生态，崂山区政府决定关停区内采石场，同时对原来以采石为业的村庄给予政策和资金扶持，鼓励景区内各村承包集体山林，发展旅游经济，使崂山生态环境有了很大改善。

崂山上的采石痕迹

一座座传统民居组成了一个个崂山的传统村落，一个个传统村落散布于崂山的丘陵山谷中。崂山的地理环境为村落的生成发展提供了条件，也对村落的空间形态产生了深刻的影响。山脉地形制约了村落的选址，气候特点影响了村落的整体布局，用地条件限制了村庄的集约程度。这些在崂山传统民居特色的形成中起到了关键作用，特别是崂山蕴藏的大量花岗岩石料，对传统民居的建筑风貌具有重要影响。

崂山上的采石痕迹

第二节 村落分布

崂山区为山地丘陵地区，仅西南约四分之一的区域地势相对平缓。随着社会的发展和城市化进程，西南区域的传统村落经过更新改造，与青岛市区融合，已发展为城市。东、北、东南大部分山区远离城市，经过数百年的发展，村落形态成熟，受城市化影响小，保留了村落的传统性。因此，崂山区现有的传统村落大多集中于山区。

山脉和海岸是崂山传统村落选址布局需考虑的基本要素。崂山面积大，山脉连绵起伏，山区没有相对平坦宽阔的地方建村。在相当长的时间里，山区内部交通极其不便，相邻村落之间难以形成纽带，无法形成聚落，因此村落便依山势环绕分布在崂山各处。村落一般建立在背山面水、日照条件较好、排水通畅的地带，这样既有利于阻挡冬日的寒风和保证日照量，又能借助水系调节微气候的作用以更好地迎纳夏日季风，还能利用地势减少内涝灾害。

崂山区的传统村落，按地形因素可以划分为山地村落和平地村落。两种村落的分布并无明显界限，大都随地势起伏变化。平地村落相对于山地村落落差小、村庄布局较规整。山地村落主要分布在崂山区北部、东部和东南部；平地村落主要分布于崂山区的西南部地区。

山地村落

在崂山地势起伏较大的地方，村落选址在山涧河谷中或海岸线旁，形成狭长的、各具特色的村落带。这些村落受到自然要素的限制，建设用地少而零碎，很少能交织成道路网。

山涧河谷村落带以崂山山区西南部南九水河村落带较为典型，沿山涧分布着东九水村、西九水村、大石头村、大石村、龙泉村、竹窝村等。以大石头村为例，该村东望小崂顶山脉，南靠九水清凉涧与汉河相望，西与东九水村相邻，北靠围子顶山脉。南九水河将大石头村分为东西两部分，房屋分散在河流两岸，山体包围着村落。

大石头村

西九水和东九水

竹窝村

位于北九水的双石屋村

河东村

卧龙村

崂山东部海岸线村落带兼具山海之胜，散布着崂山最具特色的山地村落。崂山山脉东部陡峭，与黄海连接，使得东部边界空间狭长，支脉密集、间距小且延至海岸，有很强的隐蔽性和防御性。村落穿插在支脉间，受山脉阻隔，形成了独立式组织结构。由于受到空间限制，村落只能沿海岸呈线状分布，形成狭长的村落带（青山村—黄山口村—黄山村—长岭村—返岭前村—返岭村—雕龙嘴村）。村落数量少、组织分散、形态多变，相互之间仅由道路相连。

青山村。青山村是典型的山海环抱式形态，三面环山一面临海，背山面水，选址在山脉脚下较为平缓的地带，形成自海湾至山脉方向层层而上、高低错落的形态。村落规模较大、边界明确，为密集式布局。

青山村全貌

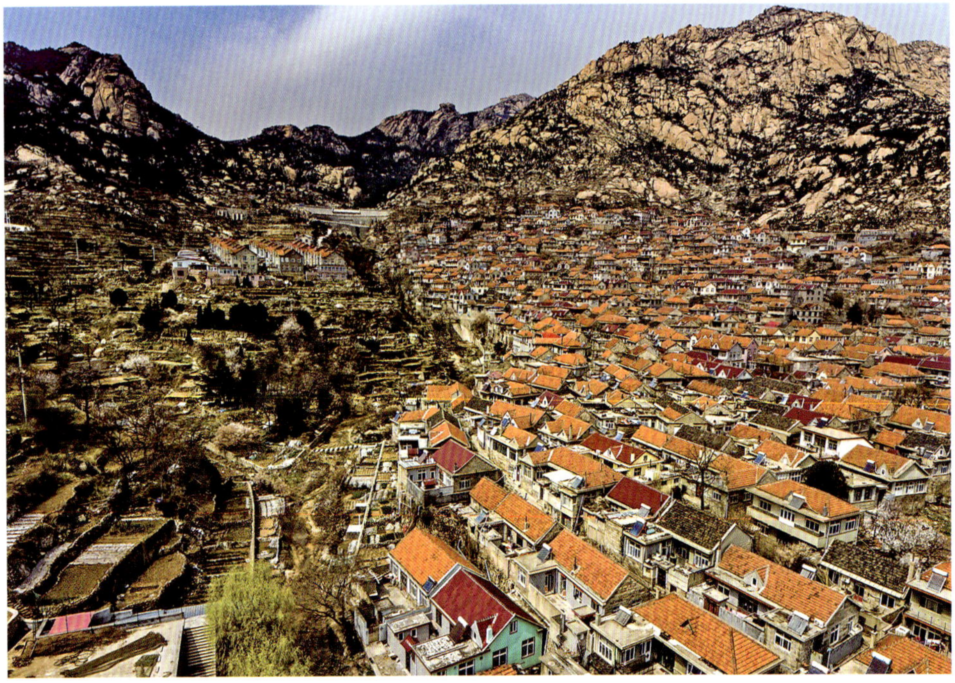

青山村全貌

黄山村。黄山村也是山海环抱式形态，地势较为平坦，规模小于青山村，属于中型村落。村落夹于两面山脉之间，边界明确，为密集式布局。

黄山村全貌

长岭村。长岭村顺水而建，村中两条河流自山脉之顶汇入黄海。村落北部规模较大，形制错杂，民居沿河道两侧分布。村落南部规模较小，民居仅分布在河道北侧，形制较为规整。长岭村地形较为复杂，村落呈组团式布局。

长岭村全貌

返岭村。返岭村地形最为复杂，山脉密集但平缓。村落穿插在山脉之间，没有明确边界。村落西部位于山脉缝隙，地势较平缓，形制规则，形态狭长；东部面积宽阔，形制较为错杂。返岭村规模较大但民居分布零散，为组团式布局。

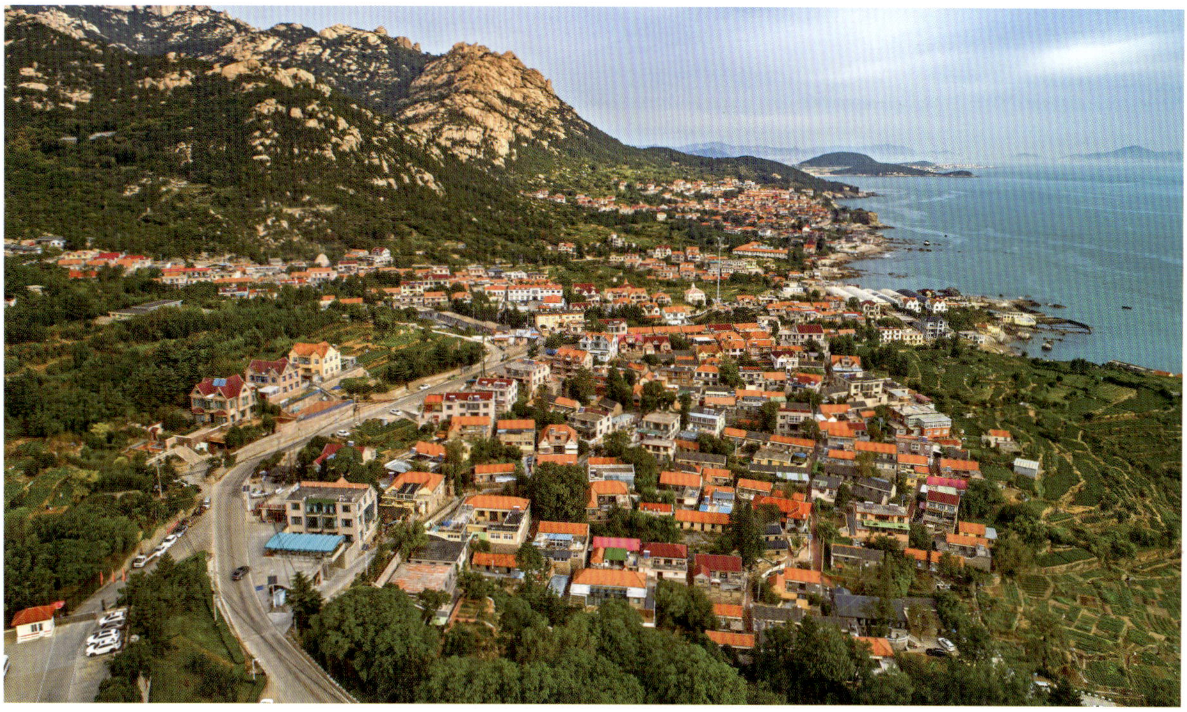

返岭村全貌

返岭前

雕龙嘴村。雕龙嘴村规模较大，耕地面积广，地势较为平缓，民居分布相对集中。村落北部密集，南部较为松散，耕地穿插在村落中。整个村落形制虽松散，但有一定的分布秩序。

雕龙嘴村全貌

平地村落

平地村落主要分布在崂山主山脉外围，在中韩街道和金家岭街道分布较为集中。这里距海有一定距离，山脉舒缓，地势较为平坦，耕地面积相对广阔，形成了以农耕为主业的自然村落。另外，沙子口街道、王哥庄街道也分布着一定数量的平地村落。平地村落组织结构多为团块式。相比山地村落而言，平地村落分布密集、形制规整，村落之间联系较为密切。

张村河流域的村落

张村河流域的村落

张村河流域的村落布局

沙子口街道姜哥庄

沙子口街道大河东村、小河东村、登瀛村

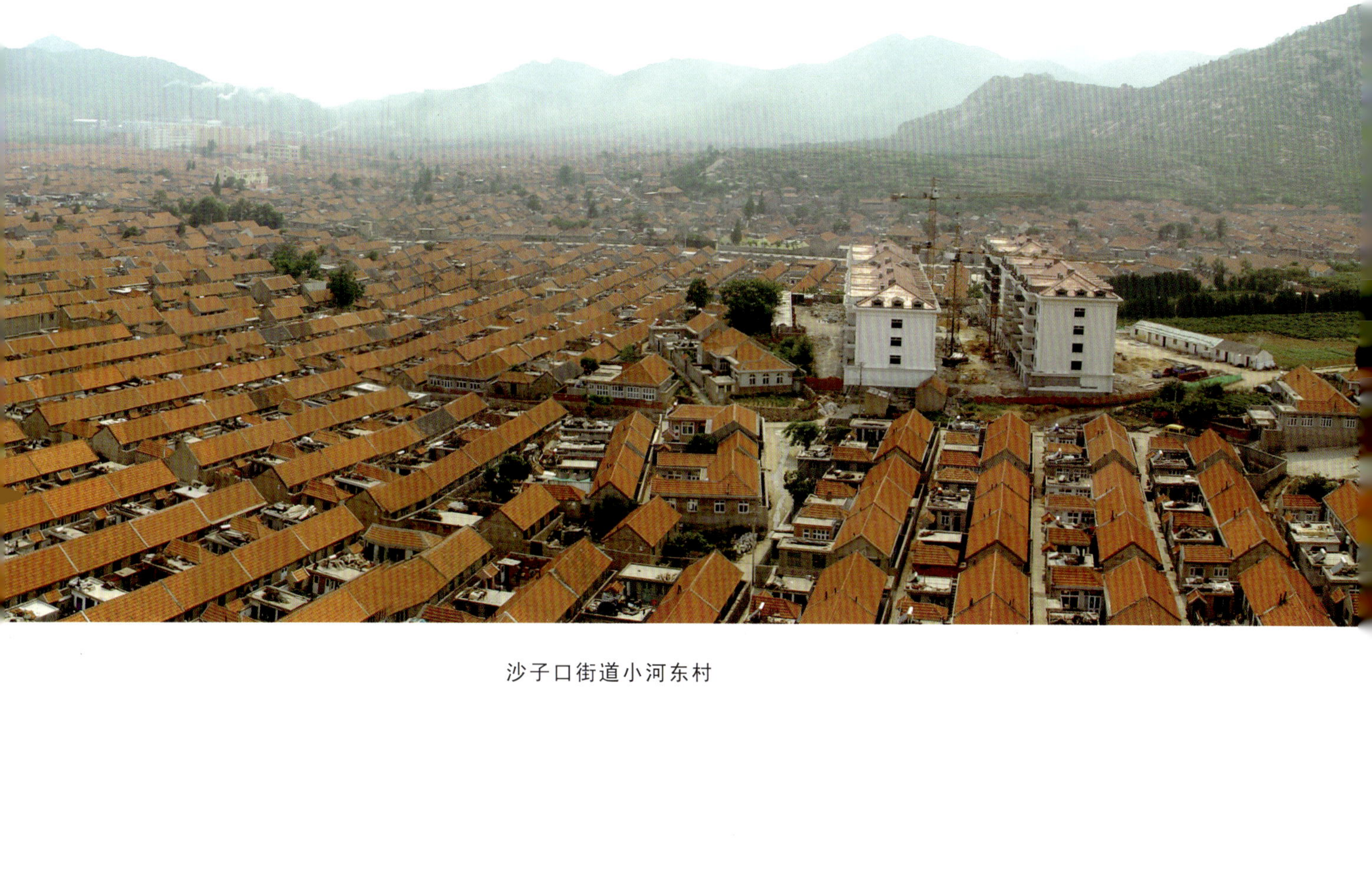

沙子口街道小河东村

王哥庄社区

王哥庄街道港东村

北宅街道沟崖社区

第三节　街巷风貌

崂山传统村落有其特有的空间形态，街巷保存相对完好，表现出独特的街巷风貌和“朴素自然”的人文风貌。村里的道路，宽的叫街，多为东西向，称前街、后街，常以姓氏为名；窄的街巷称胡同，多以姓氏、堂号、村中人文掌故或地理地貌特征为名。房屋之间狭窄的小路称夹道，仅容两人错肩而过。

中崂社区街巷旧貌

西姜社区街巷旧貌

前登瀛村街巷旧貌

西台村街巷旧貌

山地村落的空间模式受地形影响，各村落规模大小、建筑分布密集度、排列模式等均有所不同，难以形成规则的棋盘式布局。街巷依山就势自然转折，多起伏婉转而少平直通达。

山地村落自由式街巷布局

山地村落山体起伏，地形多变，空间形式相对于平原地区村落来说较为错乱无序。街巷既可以顺应山势、沿等高线平行布局，也可以顺山脉走势略带高差排布。街巷内部多台阶步道和坡道，呈现出崂山特有的北方滨海丘陵的地域特色。

街巷内顺应地形的台阶步道

民居与街巷的高差处理

街巷内顺应地形的坡道

街巷内顺应地形的坡道

平地村落的地势较为平坦，无较大起伏，街巷布局通常根据通风、遮阳、隔寒等的需求而规划，道路划分相对规整，纵横道路基本垂直，街巷主要呈网格状布局。

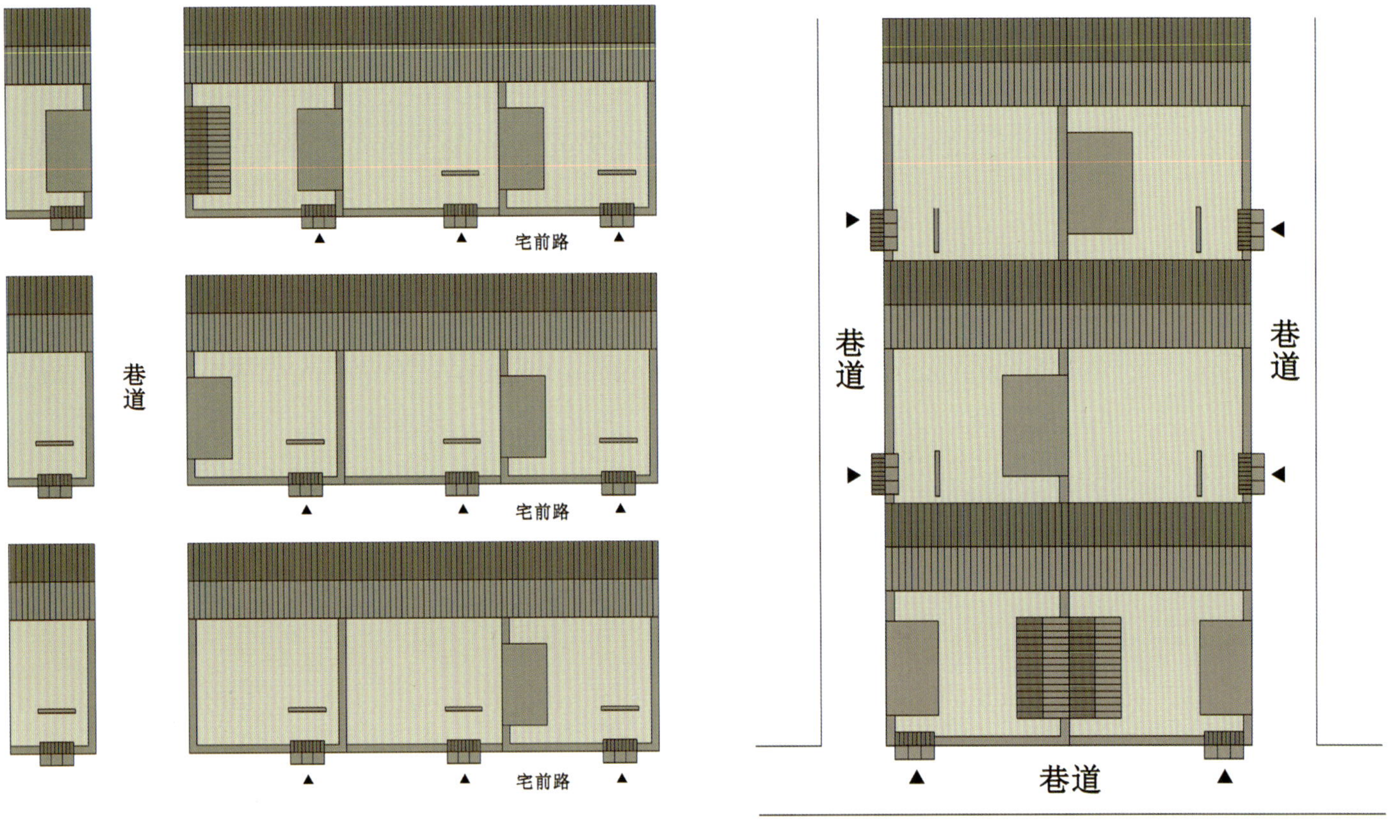

平地村落网格状街巷示意图

毕家村的巷道

东西巷道

南北巷道

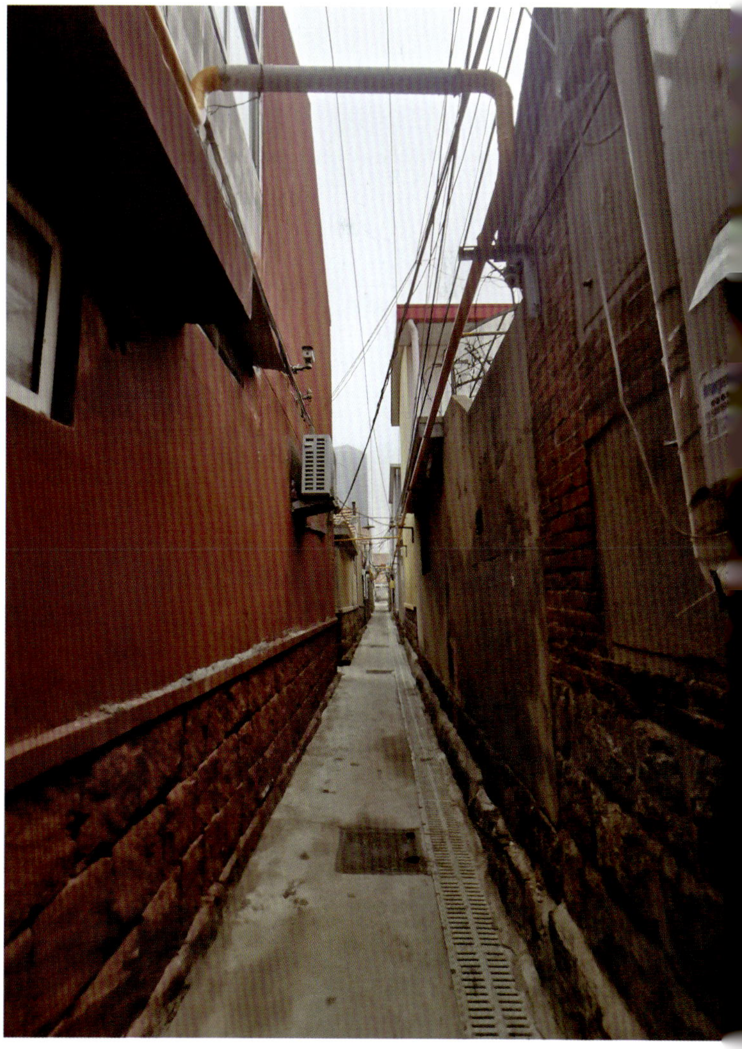

房屋前后的南北向宅前路

网格状排布的街巷

村落中街巷空间的“朴素”在于其营造方式上。墙体为天然石料和手工加工石料建设而成，体现了建筑朴素粗犷的特征。

石材院墙

石材山墙

石材墙体

"自然"则体现在建筑与环境的关系中。一些具有崂山特色的树木，如耐冬、桂花等出现在民居院内，或出现在民居外部的边角地带，起到调节空间及装饰的作用，点缀街巷风貌。

野生植物

盆栽植物

院内种植的花木

院外种植的花木

桂花与耐冬

青山村村民家的桂花

东麦窑村的百年桂花

坡前沟社区 300 年树龄的耐冬

砖塔岭村村民院中的耐冬

山东头社区村民院中的耐冬

第二章 传统院落

第一节 空间布局

中国传统民居大多采用院落的布局形式，院落由正房、东西两侧厢房、倒座（又称倒房）等部分组成，有布局规整、中轴对称等特点。崂山传统民居的建筑格局按中国传统民居的组织方式采用院落式。

崂山当地有句民谚：“坐北朝南屋，住着好享福。”在地势较平坦、用地较充足的地方，遵循着“北为尊，两厢次之，倒座为宾”的传统院落形式，将正房安置在向南的朝向，然后再安排厢房、倒座等。这样的院落较为规整，多为一正两厢或一正一厢一倒的三合院，只有少数富裕的人家修建有东西厢房、倒座的四合院式住宅。

崂山山区受地形所限，院落空间并非严谨的合院形式，院落平面不规整。崂山传统民居中较多的是只有一正房和三面院墙的一合院，以及一正房一倒座（或一厢房）的二合院的形式。院子形状不一，有长院、方院、梯形院等。建筑用地紧张时，院子面积很小，甚至没有院子。

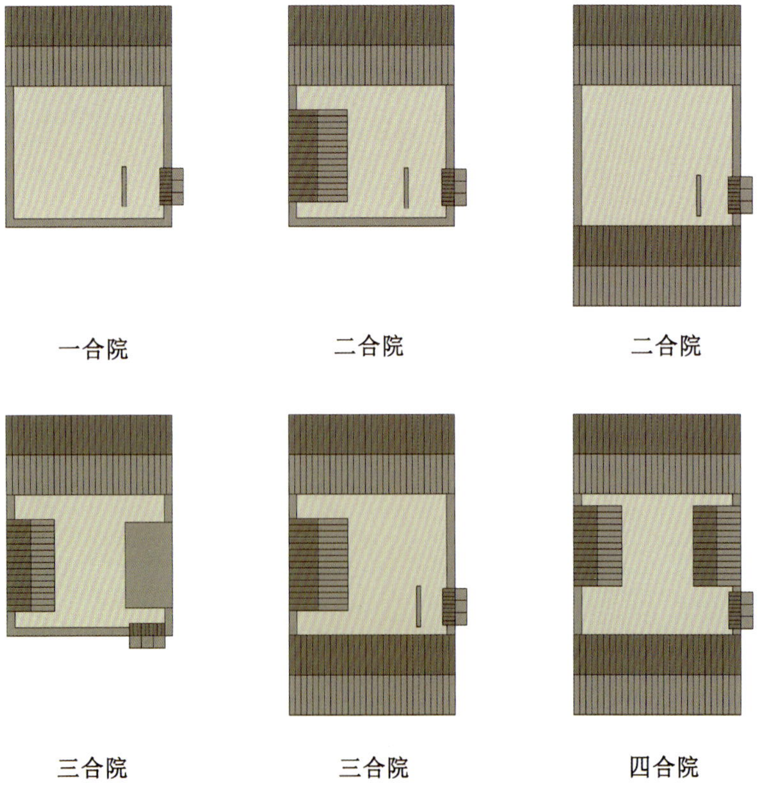

崂山传统院落空间示意图

一合院

二合院

三合院

四合院

以二合院、三合院为主的晓望村传统民居

张村河周边村庄各种类型的院落

崂山传统民居院落的空间一般为一进院，少有二进院、三进院。一进院中，正房是传统民居的主要空间，满足居住生活的需求。东西厢房也可以住人，但由于条件不好，故有“东西厢房，不孝的儿郎”的民谚。若不住人，东厢房可以用来作磨房、养驴，西厢房可作储物间。有的院落会有倒座，倒座通常由过厅（亦称“过当”）、旱厕组成。过厅通常作为粮食及其他生活生产工具的集中储物空间。昔日，过厅曾作为主要的娱乐活动空间，农闲时节，街坊邻里通常在过厅中休闲娱乐。后来，过厅逐步转化为储物空间。旱厕兼具储藏肥料、饲料等物品，并承担起少量的储物功能。在正屋北侧通常布置有后院（滴水院），后院空间较为狭窄，宽约 1 米，具有遮挡视线、阻隔寒风和保障安全的功能。

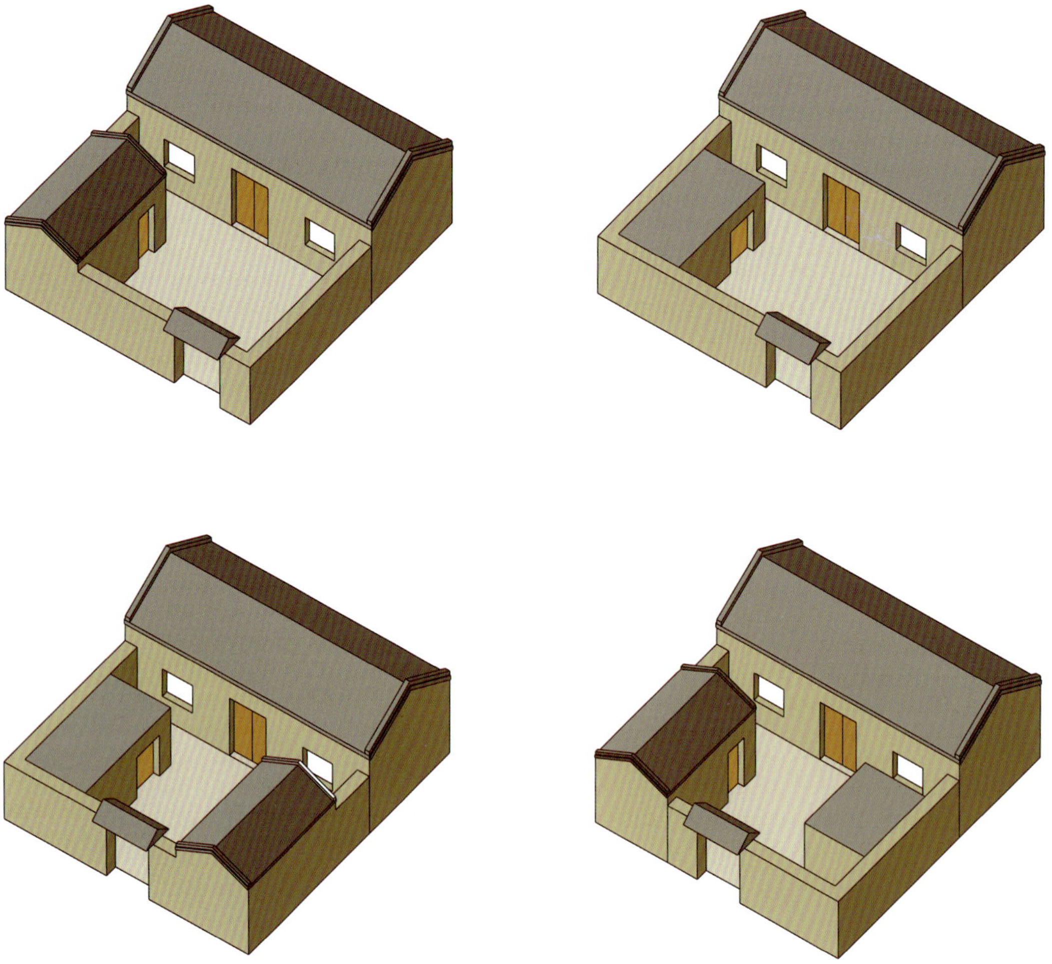

大石头村传统院落形制

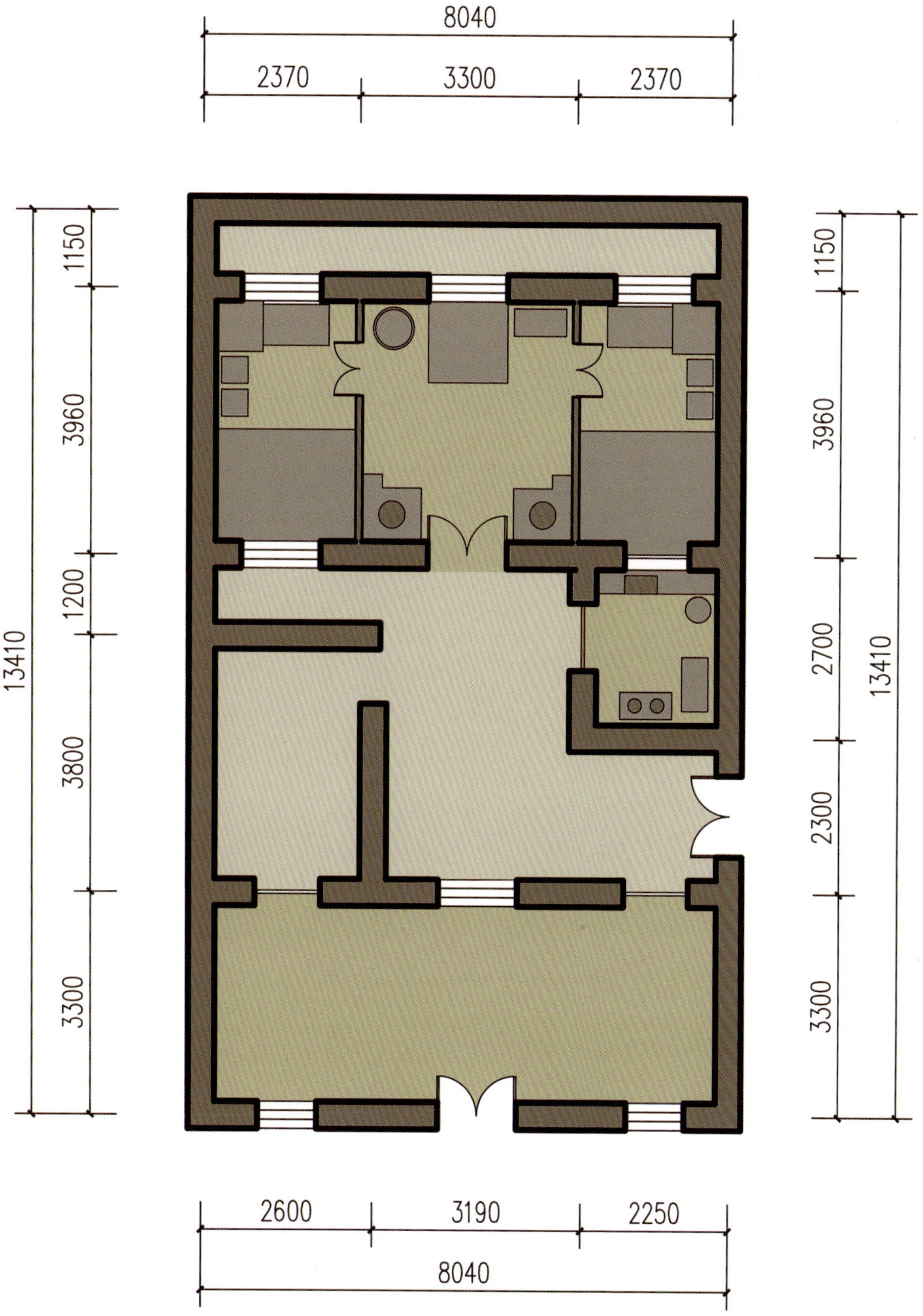

大石头村四合院平面图（单位：毫米）

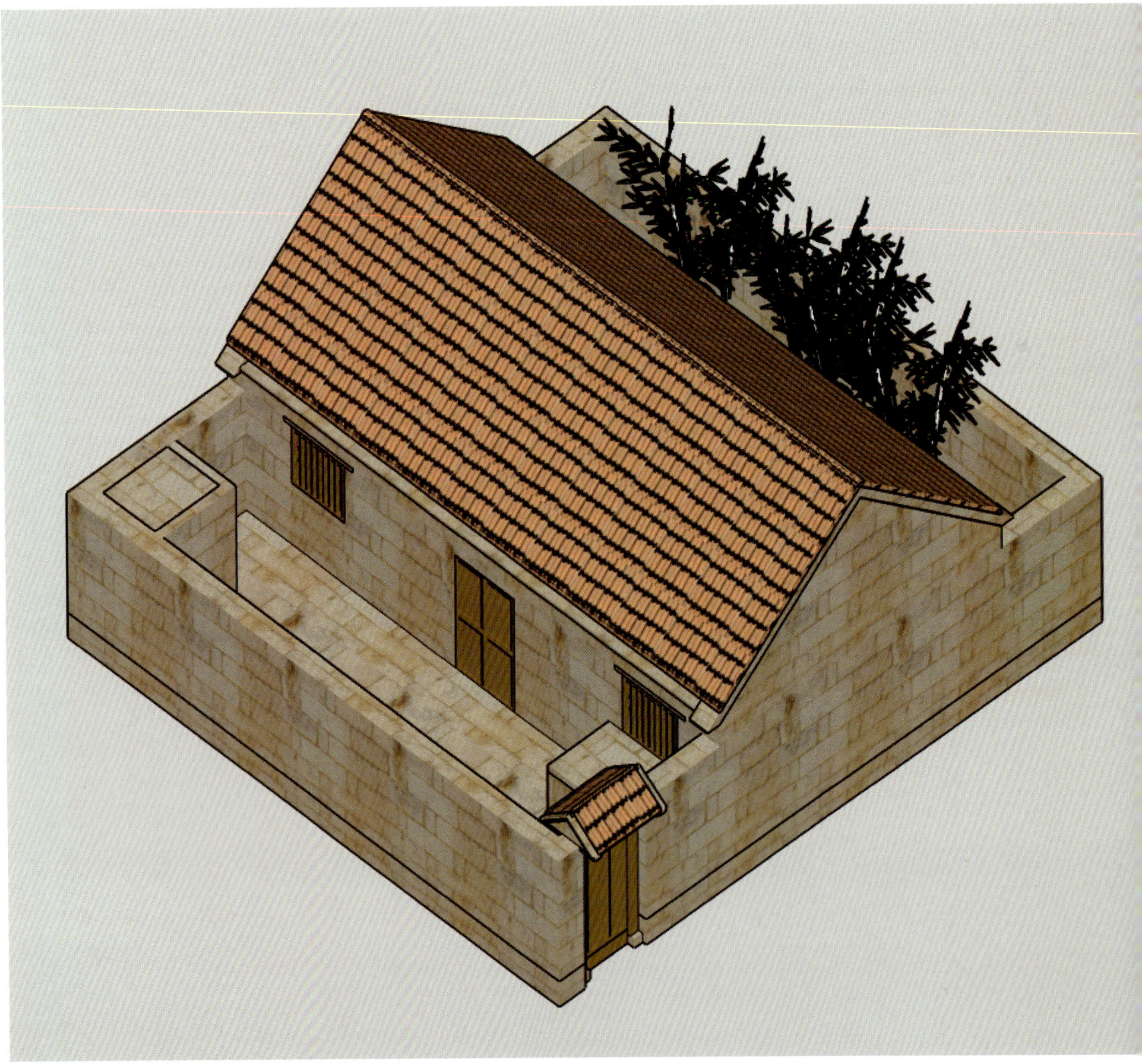

青山村一处一进院落形制

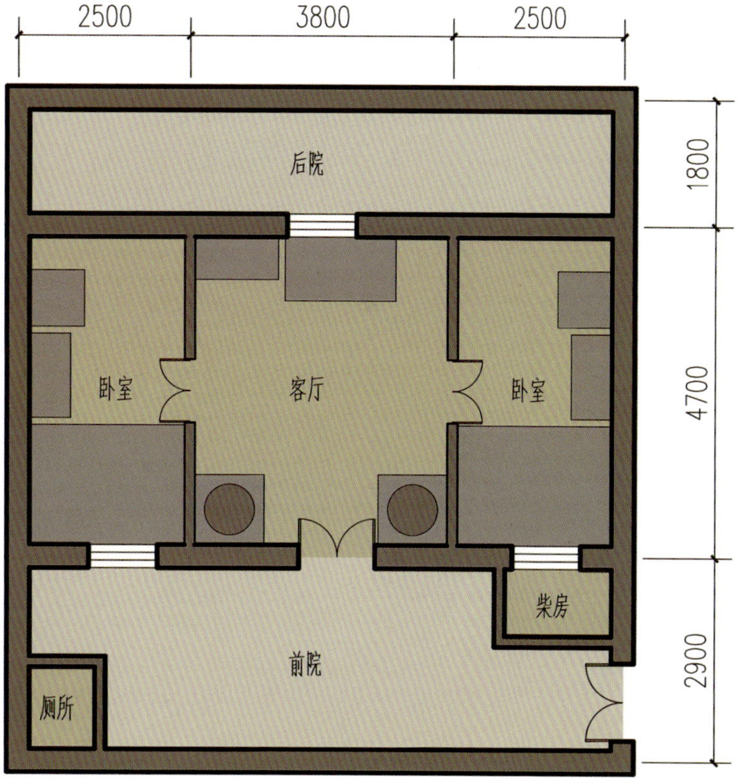

平面图（单位：毫米）

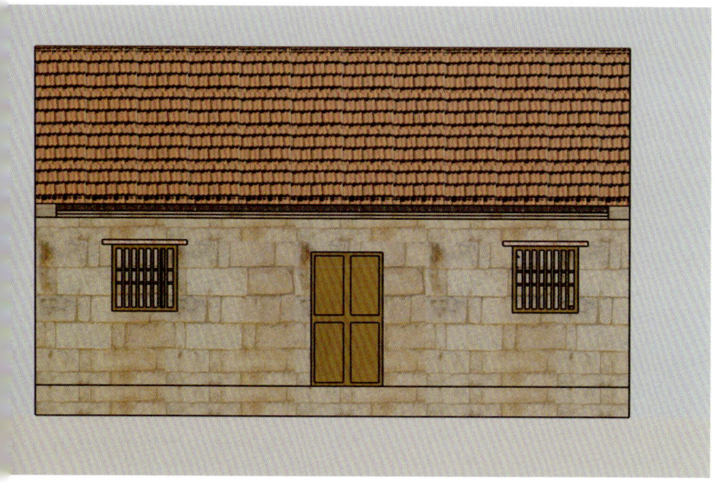

正立面图

侧立面图

建有东厢房的一进院落形制

一进院落

一进院落（汉河社区）

一进院落（汉河社区）

一进院落（青山村，受地形限制无滴水院）

在山区的一些开阔的场地，生活较富裕的住户有时会建造二进院落，但这种院落在崂山地区极少。在西九水村有一座上百年历史的三进院落。院落灵活结合地形，形成了与地形、地势紧密结合的院落空间。根据地势的走向，院落无明显轴线关系，大致可以分为外院、中院、内院三部分。院落中可以明确看出主屋与厢房之间的关系。

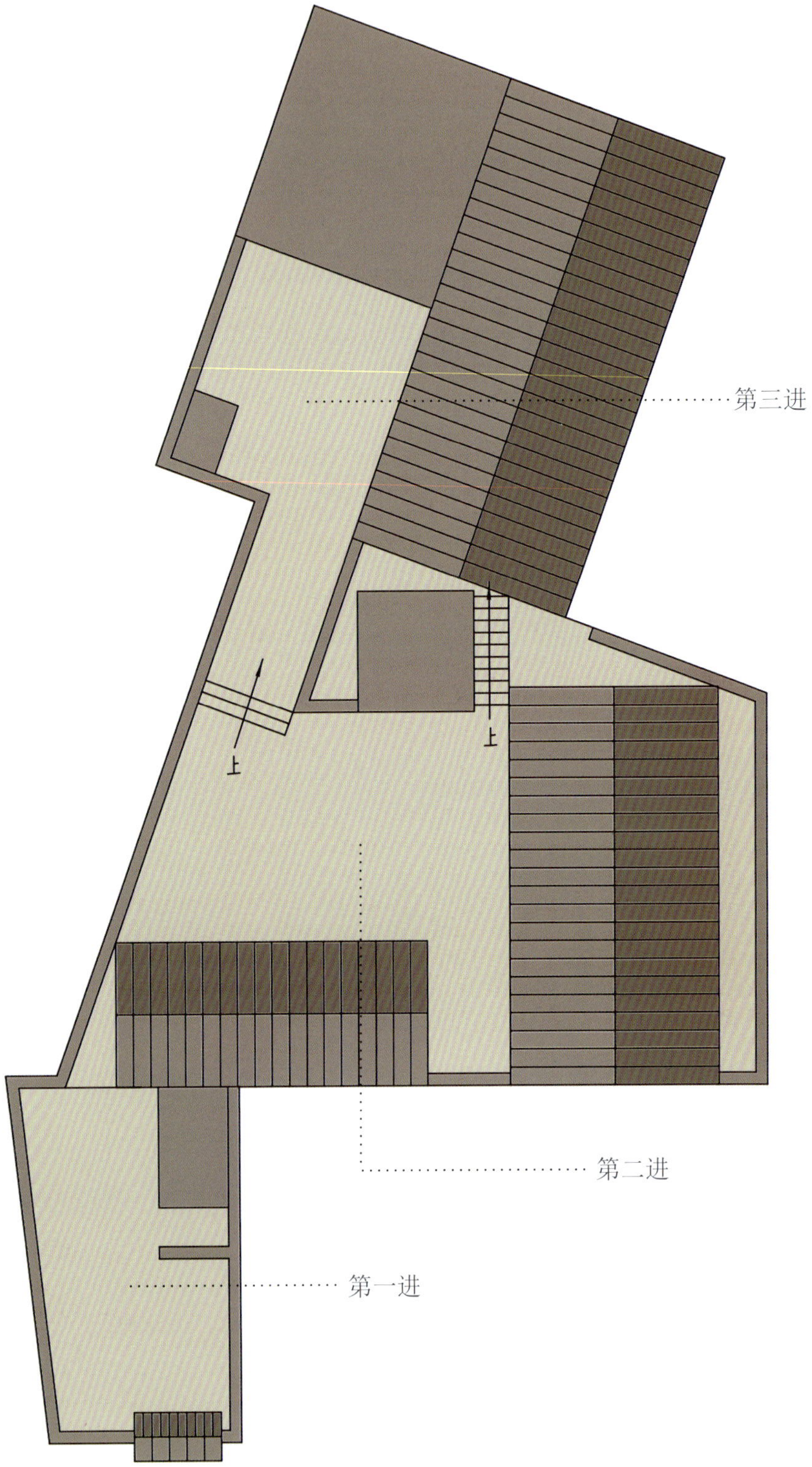

西九水村的三进院落形制示意图

第二节 院落组成

院墙

院墙在民居中起到围合、圈定院落空间的作用。院墙的高度一般低于檐口，院墙的砌筑材料有卵石（俗称“河卵蛋子”），碎石（俗称“地瓜石”），乱石（又称“毛石”，一般指粗加工的石料），块石（指经过精细加工的石料），常有多种石料混合使用的情况。

乱石院墙

乱石、碎石院墙

块石、乱石与碎石院墙

卵石院墙

乱石、卵石院墙

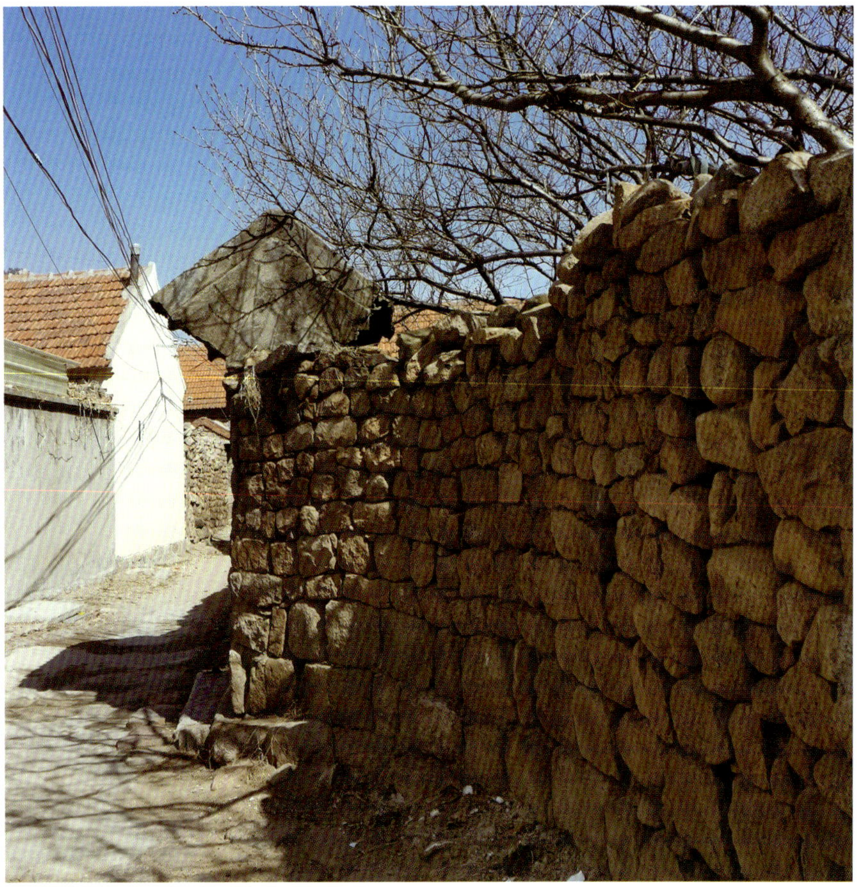

卵石院墙

块石院墙（青山村）

院门

崂山民居大多依山而建，正房大致坐北朝南。民居的院落大门按照传统建屋习俗，一般为南向或东向。有些院落受地形、地势限制或与邻居院落相邻无法在东、南方向开门时，则自由布置开门位置。院落大门的朝向以实用为主，可依据胡同的走向及院落中民居的布局来设计。

院门设在东南角的东墙

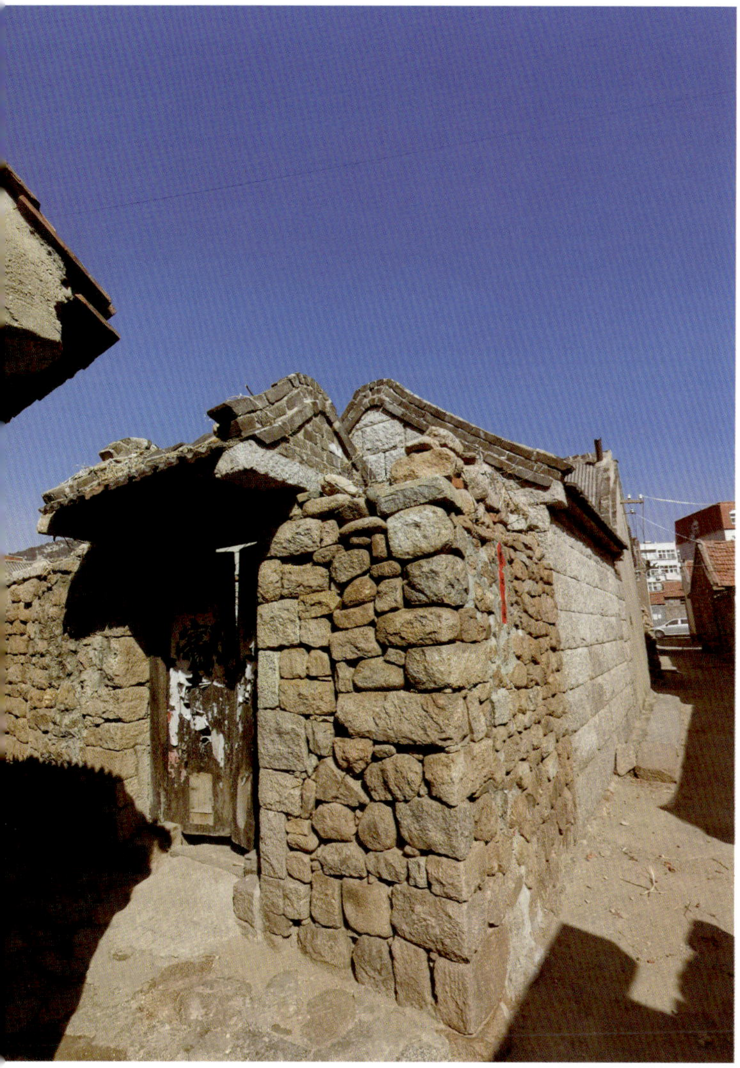

院门设在东南角的南墙

院门设在西南角的南墙

一些修筑有厢屋、倒座的民居院落，把大门开设在倒座或东西厢屋上，只设门洞，不设门楼。

院门开在东厢

院门开在厢房

院门开在倒座

院门分别开在东南角的南墙和倒屋西侧的两户人家

由厢房或倒座进入院落的过道叫过厅，俗称“过当”。

厢房“过当”

倒座“过当”

门楼

门楼在传统建筑中很常见。在院墙上开门时，一般会设有门楼。门楼通常作为一户人家贫富的象征，所谓“门第等次”即为此意。在崂山传统民居中，门楼一般比较矮小，有的老房子的门楼檐高不过 2 米，宽 1.5 米左右。在公共建筑中，门楼檐口高 3 米左右，宽 2.5 ～ 3 米。门楼顶部的结构和施工与正屋屋顶相似，门框和门扇装在中间，门扇外面置铁或铜制的门环。

老房子低矮的门楼

崂山各式传统石材门楼

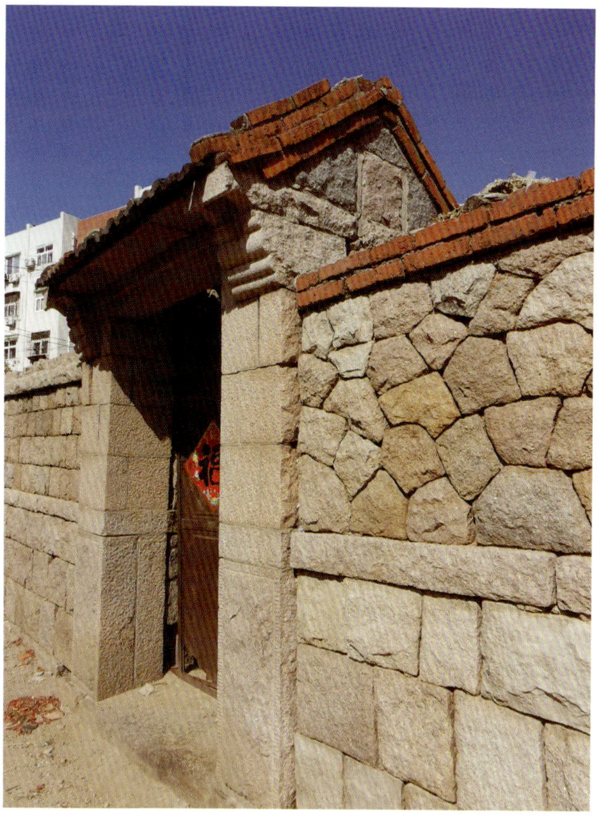

崂山各式传统石材门楼

砖砌门楼

凉泉村呈喇叭形的门楼

门楼的构造与屋顶相似，有 3 ～ 5 根檩木，有的门楼内部设置储物空间，门楼两侧底部各有一道石制横梁，当地人称为猪嘴梁。

门楼内部结构

具有储物功能的门楼结构

用砖砌檐的门楼

门楼覆瓦

门楼的猪嘴梁

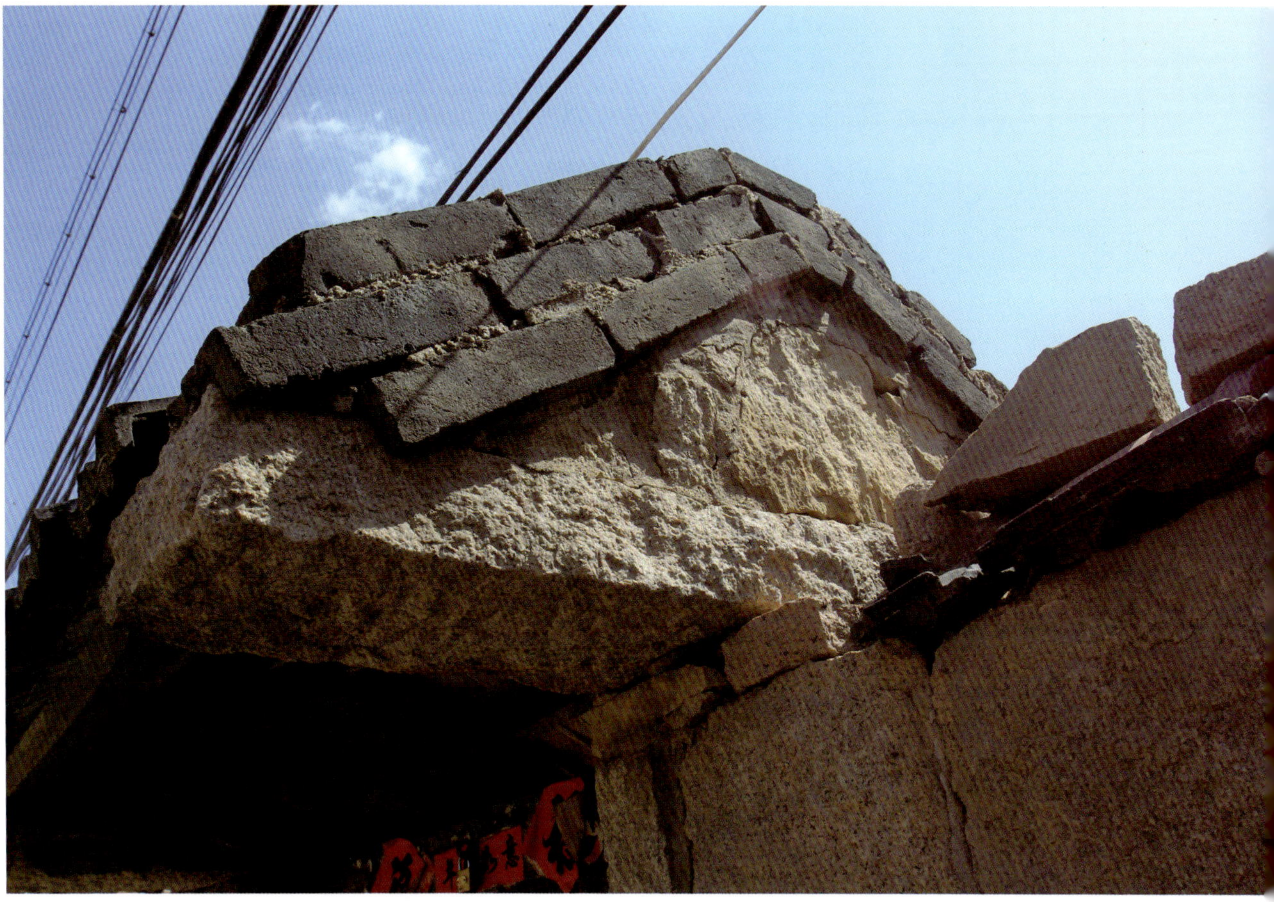

门楼的猪嘴梁

崂山传统村落中规格较高的建筑，如祠堂、家庙的门楼与民居门楼相比更高大，形制更精致，材料更高级。

王家麦岛社区王氏家庙门楼

前登瀛王氏家庙门楼

岭西村王氏家庙门楼

西九水村刘氏宗祠门楼

鸿园苏氏祠堂门楼

照壁

照壁又称为影壁，是大门内或屏门内起屏蔽作用的墙壁，既能挡风，并遮挡外界与院落内部空间视线，又可以增加民居院落的气势。古人相信照壁对风水有一定的影响，能够祛除邪气，避凶趋吉。作为中国传统建筑文化的重要组成元素，照壁与院落、民居建筑相辅相成，共同组成一个不可分割的整体。

在崂山传统民居的院落中，照壁可分为内照壁和外照壁两大类。内照壁位于大门内侧，外照壁设置在院落外。还有院落在院门外的入口道路正面建“迎门福”，且多搭配大门外的照壁构成组合形式。院落门楼正对厢房一侧时，照壁多与厢房正对门楼的墙壁相结合。

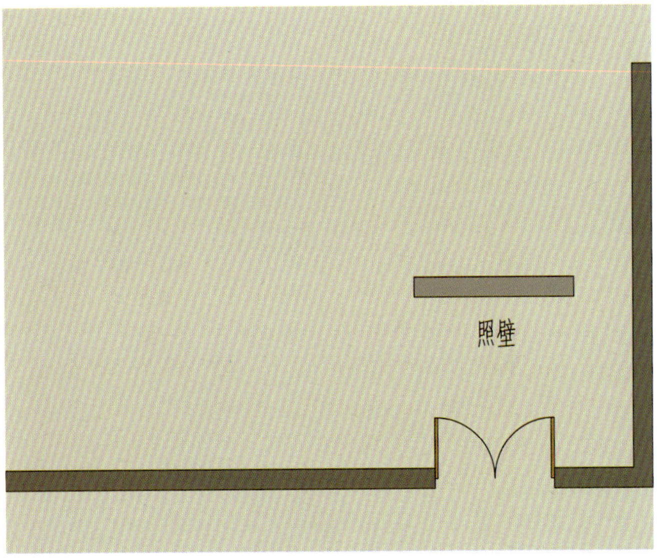

照壁在院内示意图

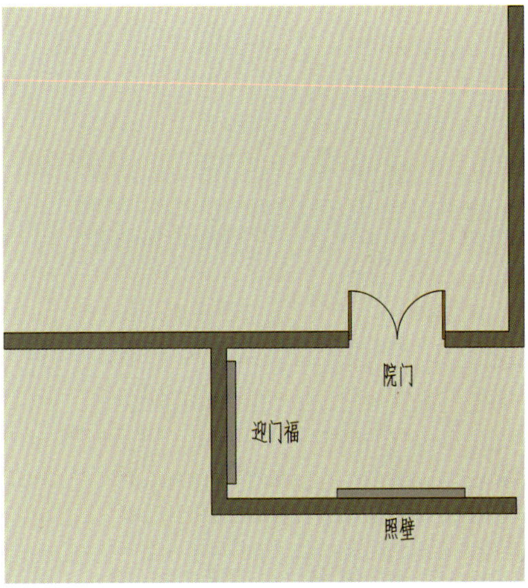

照壁在院外示意图

照壁在院内单独设置时，一般正对大门，位于距大门约 2 米处。通常分为上、中、下三部分，上部为砖或石砌的墙帽；中部的四边用砖或石垒框，中间垒出凹形壁槽（包框墙），多用白灰抹平，雕（写）上“福”字，并涂以黑漆；下部为用石块砌筑的基座。

西九水村一户民居照壁示意图（单位：毫米）

院内照壁

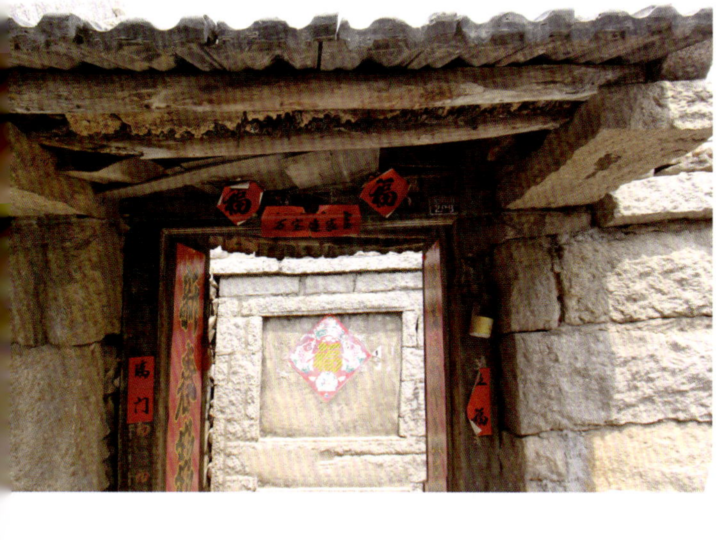

没有装饰的石照壁

石照壁

砖石组砌照壁

砖照壁

院外照壁、迎门福组合

迎门福

迎门福

院门对面空旷无住户或面对庙宇等宗教礼制建筑，一般在门外对面设置照壁。

院外石照壁

在民居用地紧张、无处安放照壁的情况下，可由两家协商后在邻居房子的山墙上建照壁。

山墙照壁

一些村落也会在村口等地建筑公共照壁。

王家麦岛社区内的公共照壁

滴水院

在用地不紧张的情况下，崂山传统民居正屋后面会留有滴水院，也称后院。滴水院长度一般与正房场地相等，宽 1 米左右。当房屋与道路相邻时，滴水院既可挡住冬天的西北风，又可挡住外面的视线。当两座房屋呈纵向排列时，有时后邻会借用前邻的滴水院院墙作为自家院子的前墙。而那些滴水院稍微宽敞的院落，主人可在里面栽种楸树、耐冬、桂花、竹子等植物。

形状规整的滴水院

在崂山山区，民居依山就势建造，滴水院受地形限制采用不规整的布局。

受地形限制形状不规整的滴水院

受地形限制形状不规整的滴水院

厕所、柴房

院落通常设有厕所和柴房。厕所一般位于院子的西南角，崂山当地有句俗语“东南门，西南圈，再好的风水也不用看”。柴房是旧时储存柴火的空间，侧边开门，上部封顶，防止柴火遭受雨淋，现在常用来储存杂物。

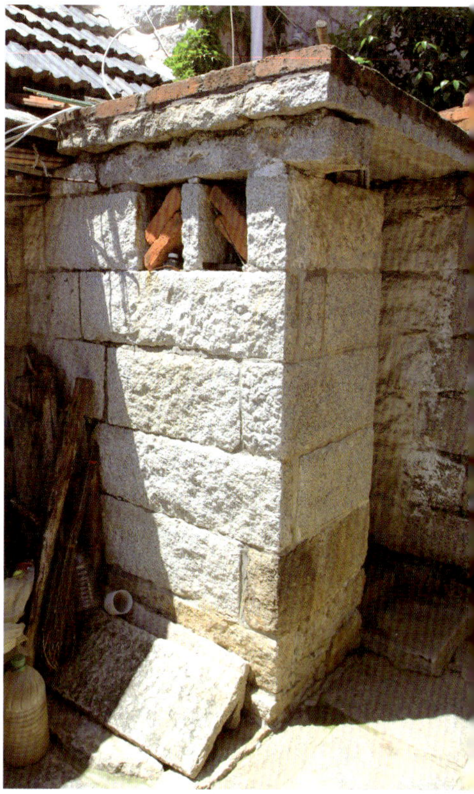

传统厕所

青山村一处古院落中形制较规整的柴房

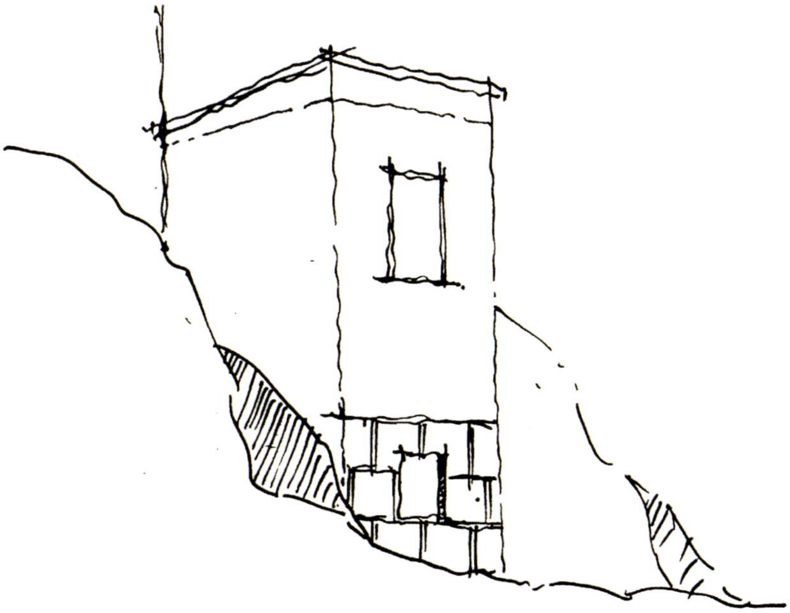

青山村的一处厕所，下方的开口用来掏粪。图中的建筑受地形影响，需用条石筑基将建筑垫高。

受院落空间限制，在院外临时搭建的柴房

第三章　民居形制

民居是人们抵御风寒和休息繁衍的场所，是人们赖以生存的重要条件。在崂山山区，由于受自然条件所限，建筑不能追求中规中矩的秩序，因此，传统民居会根据复杂多样的地形地貌布置，就山势而营建。

崂山盛产石材，传统民居多以石块砌成，采用的是木构架硬山墙，屋顶为“人”字形双坡顶。以前屋顶是用草披，两坡双流水，左邻右舍接山连墙，各家自成院落。现存的传统民居大多建于20世纪，其中大部分建筑都在以前的基础上进行了加固和修整。

在平面布局上，崂山传统民居基本依照坐北朝南的传统建设，但规避正南正北朝向。平地村落各户民居的朝向较整齐统一；山地村落各户民居顺应地形，尽可能坐北朝南，房屋的朝向不能统一。同一院落中，坐北朝南的民居为正屋，坐南朝北的民居称倒屋（倒座），东西两侧为厢屋，分别为东厢屋或东平房（用长条石覆顶的晒台式厢屋）、西厢屋或西平房。正屋以三间为主，也有四间、五间的，家中劳动力缺乏、条件不好的仅有两间。

民居布局较规整的枯桃社区

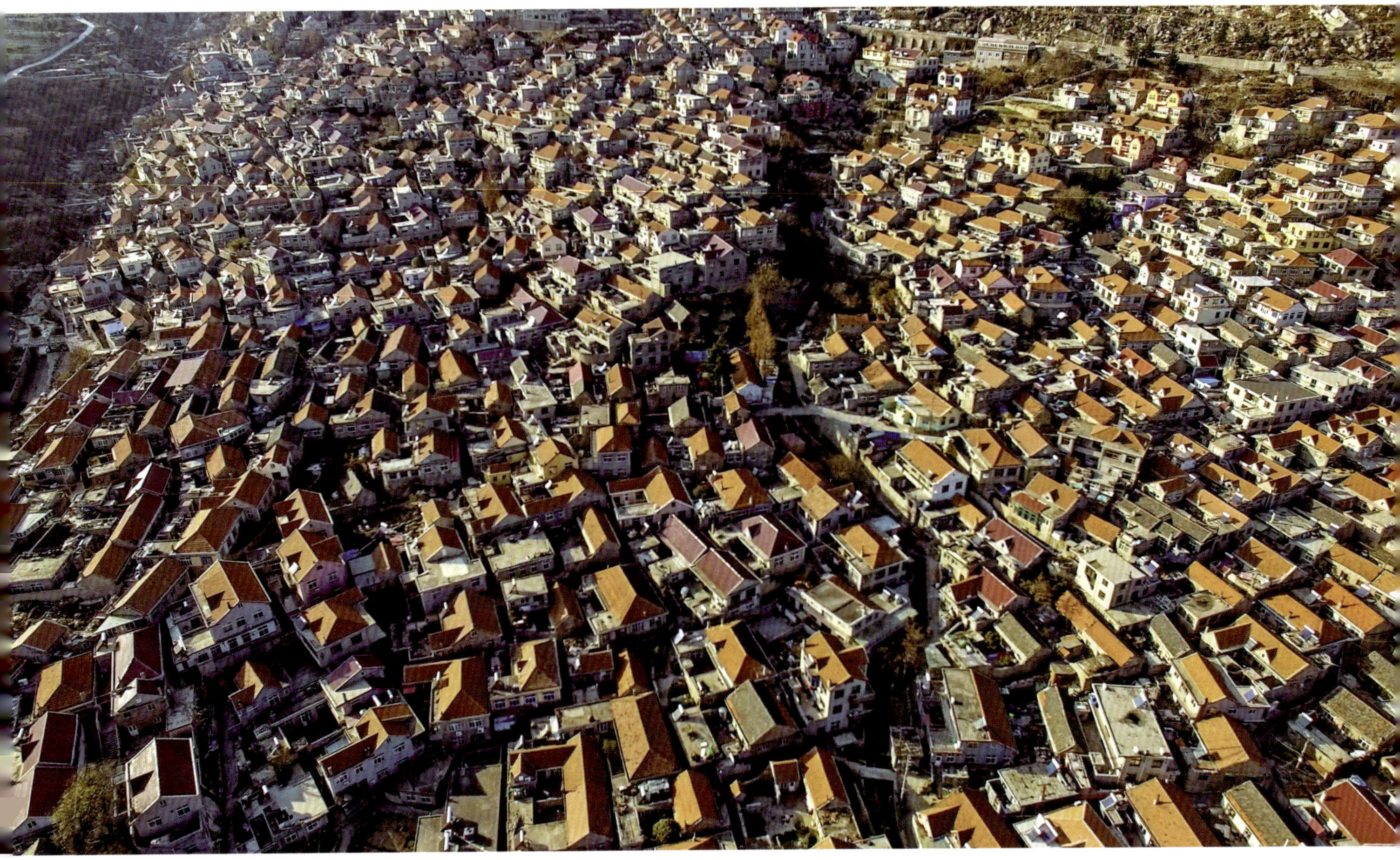
依山而建的青山村民居

正屋开户门的房间称明间或正间，东西两面为东间、西间，再往里的房间为套间（俗称里间）。因位置与功能不同，各间的开间尺寸不统一，正间为 3.3 米左右，东间、西间 2.2 米左右，套间则更小。房屋进深 4.5 米左右，屋檐高 2 米左右。正间是居家生活的中心，设一东一西两个锅灶，烟道分别通往东间、西间炕内，供日常做饭排烟和冬季热炕取暖。正间的上方用木板或高粱秸搭一顶棚，也称天棚，冬天可供存放地瓜等。东、西两间多用花纸贴棚顶，再饰以蝙蝠、团花等剪纸，称仰棚或仰场。

第一节 建造演变

崂山区所辖村庄多于明代立村，清代村庄数量持续增加。有明确记载最早立村的迄今已有600多年的历史。昔日崂山交通不便，农村环境恶劣，荒凉贫瘠，采石工具和技术落后，村民依靠繁重的体力劳动，依山就势开山劈石，用原始的方法建造房屋。房屋大多低矮、简陋、阴暗，只有少数富裕人家的房屋比较规整敞亮。

民居旧影

20世纪初，崂山的一户普通人家，有茅屋、草门、乱石墙。

20 世纪初的姜哥庄

1912—1914 的青山村民居

20 世纪二三十年代的南九水村落

1935 年的青山村民居

百年老房

崂山传统民居属于北方传统民居风格，房屋建造就地取材，山上的石头、黄泥，地里的高粱秆，加上梁檩的搭接工艺，看似简单，实则不易。历经百年风雨洗礼，许多房屋至今依然结构良好，展现出一种淳朴的风貌。

青山村的百年老房顺地势而建，房屋低矮，院落狭窄。房屋主体用大小、长短不一的石料垒建，黄泥抹缝；屋顶用麦秸草或山草苫盖，改革开放后加覆瓦片。

青山村百年民居

何家村的百年老房

何家村的一处百年老房

沟崖社区的百年老房

洪园社区的百年老房

车家下庄的百年老房

石湾村的百年老房

建筑类型

崂山传统民居按照建房材料不同，大体可分为乱石房、卵石房、块石房、条石房、砖石房、土石房等。

乱石房。早年的崂山村民到河滩、山上捡拾卵石（当地人称为“河卵蛋子”）、碎石（又称地瓜石）砌筑房屋。受加工技术条件限制，石块不规整，砌筑的墙面具有独特的纹理。

乱石砌的房屋

卵石房。当地村民就地取材，从河道中拾取被河水冲刷而成的卵石砌筑的房屋。与乱石房相比，采用卵石建造的房屋，石材大小更均匀，砌筑更加规整。

卵石砌的房屋

小河东村的卵石房屋框

条石房、块石房。崂山采石最初依靠人工凿眼、打楔，手工劈裂，这种方法劳动强度相对较大，效率低。随着采石工具和采石方式的改进，中华人民共和国成立后，出现了更多的条石、块石建造的房屋，砌筑也更加规整。

用加工的石料修筑的房屋

砖石房。相对于石料，旧时崂山本地少有用砖砌筑的房子。青砖在祠堂、庙宇和部分富户的民居中使用，这些建筑通常由石头与青砖组合砌筑。

崂山砖石房

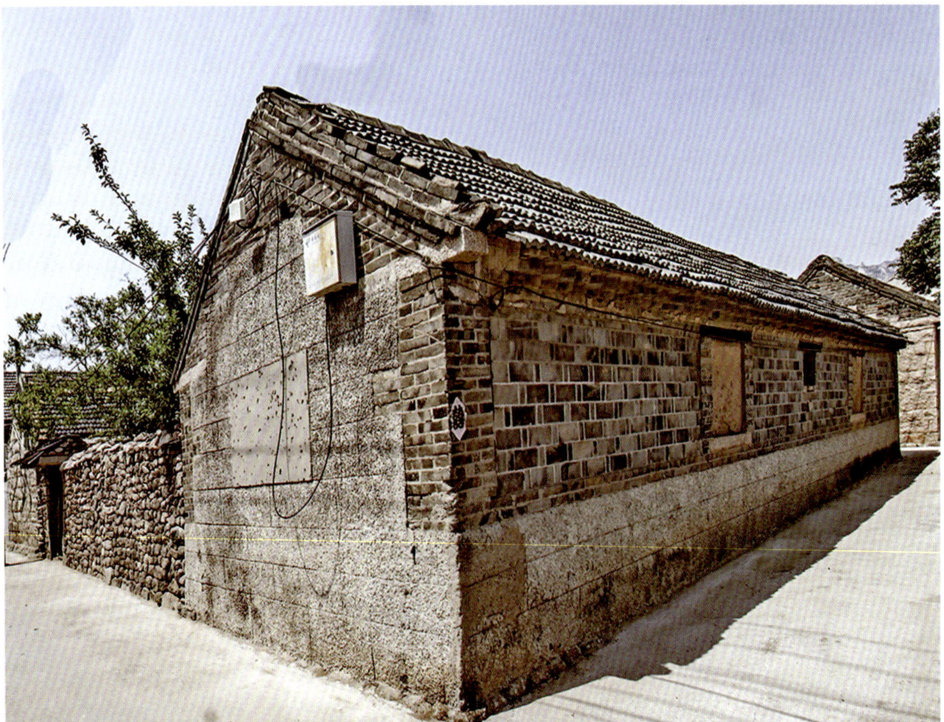

土石房。崂山的很多村落中，分布着一种黏度极大的黄泥，俗称“黄坚土”。明清时期就地取材砌筑土坯房屋，今已不存。有些村内还留存一种窗台以下部分用石头砌筑（当地称“腿子石”），窗台以上部分用土坯砌筑的民居。

崂山土石房

崂山石砖土房

民居发展

旧时，崂山山区的民居大多用石墙，黄泥抹浆，草铺盖屋顶，卵石围砌院墙，安简易的木窗和木板门。富裕的人家用乱石砌地基，砖石砌房屋和院墙，青瓦铺盖屋顶，安厚花窗和木板门。中华人民共和国成立后，人们不断进行旧房翻新或盖新房，门窗开始加入玻璃。

百年的老房子和 20 多年的新房子

1 为百年老房子；2 为 70 多年的房子；3 为 20 多年的房子

崂山民居的百年变迁

20 世纪 80 年代中后期，随着崂山交通的便利和经济的发展，居民建房日益讲究，出现了多坡顶的“将军房（楼）”、二层楼房等。院墙用砖石整齐砌筑，外面抹水泥；窗户外用玻璃，内装纱网；有的换装铁门，有了单独的厨房。房屋的保温性、采光大大改善。随着生活水平的提高，人们利用现代材料改善居住空间，建筑风格开始多样化，民居建筑的立面风格朝着现代化建筑方向发展。

大河东村的二层“将军楼”群

20 世纪 90 年代徐家麦岛社区建的二层民居

小河东村的二层民居

两户一栋的新式民居

不同建筑风格的新式民居

新式民居

第二节 平面形制

中华人民共和国成立前，民居十分简陋。崂山传统村落的院落中，正屋为主要功能空间，是主要的生活起居场所，一般为“一明二暗”三间布局。“一明”是中间的正间，前面开进户门，具有灶间和客厅的功能；“二暗”是东间、西间卧室。屋内一般用土坯作隔墙分隔空间，从正间左右两面隔墙开侧门，分别进入左右卧室，布局简单，功能明了。屋前有用石墙围合的狭窄院落，厕所安置在院中，小院还有堆柴等功能。有些财力弱、劳动力少的人家只能建两开间的正屋，而有的财力、劳动力较多的人家正屋通常为“一明三暗”四间或“一明四暗”五间，有的还建有厢房和倒座等，院落相对较大。

两开间

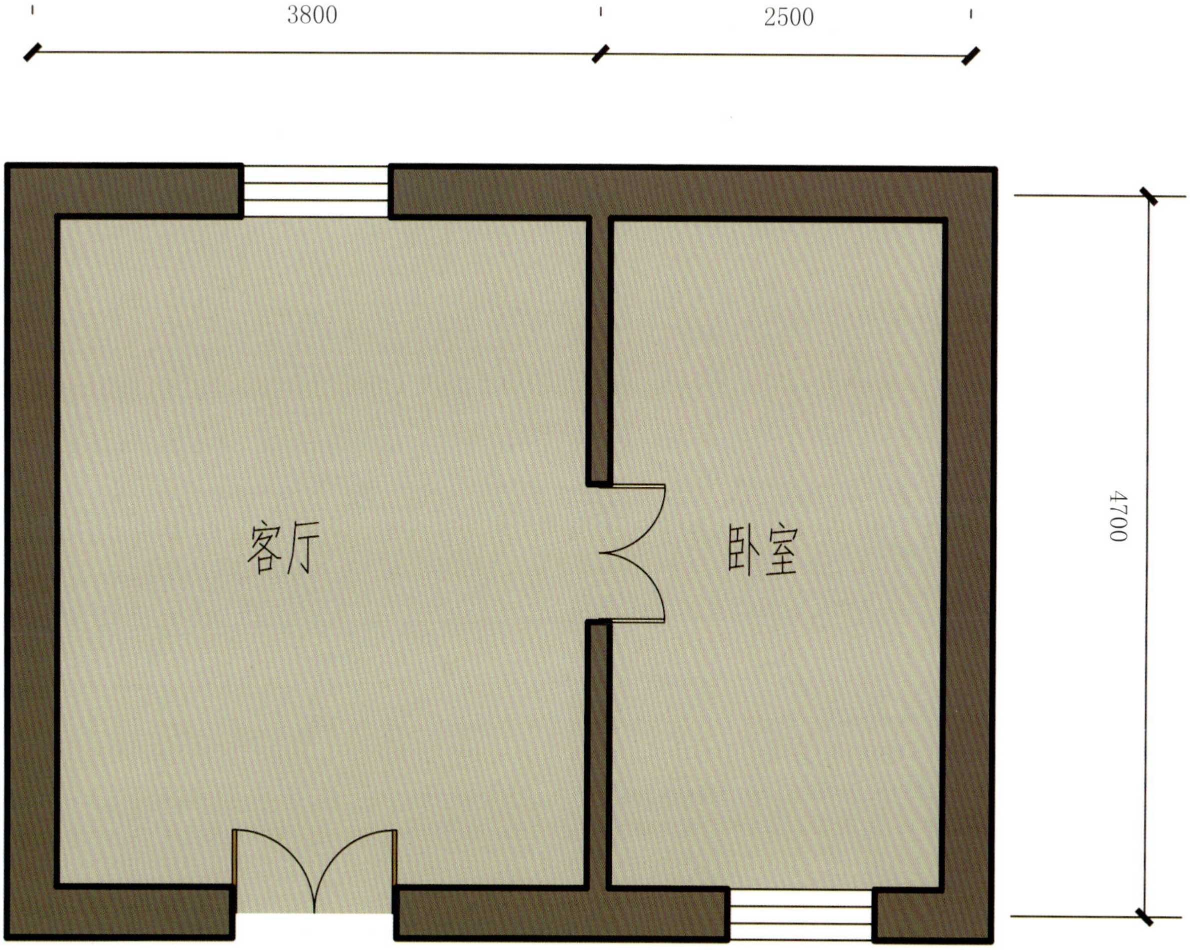

两开间民居正房平面示意图（单位：毫米）

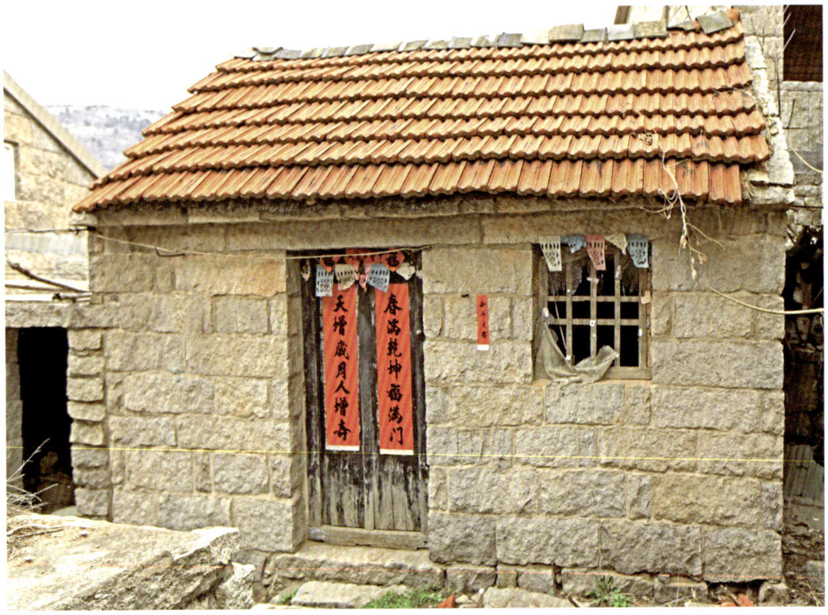

两开间民居

两开间民居

三开间

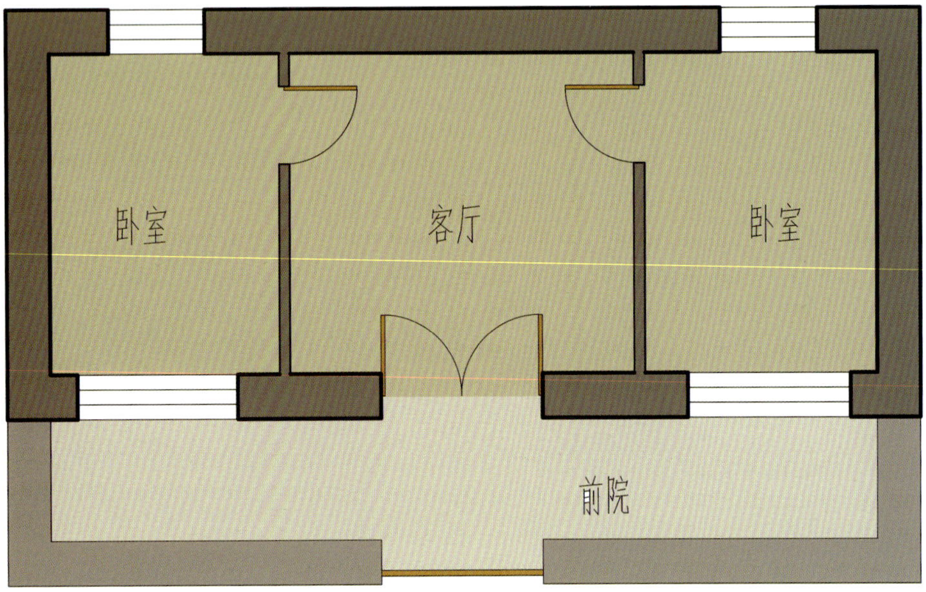

三开间民居平面示意图

何家村的三开间老屋（带东厢屋）

青山村的三开间老屋

西登瀛村的三开间老房（带东平房）

凉泉村一处民居鸟瞰示意图

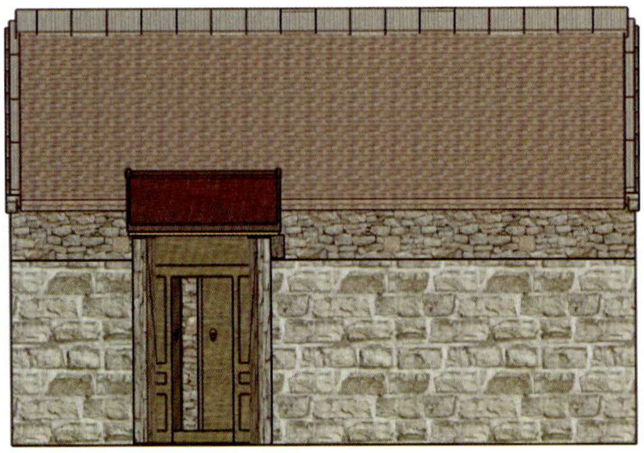

院落正立面

院落侧立面

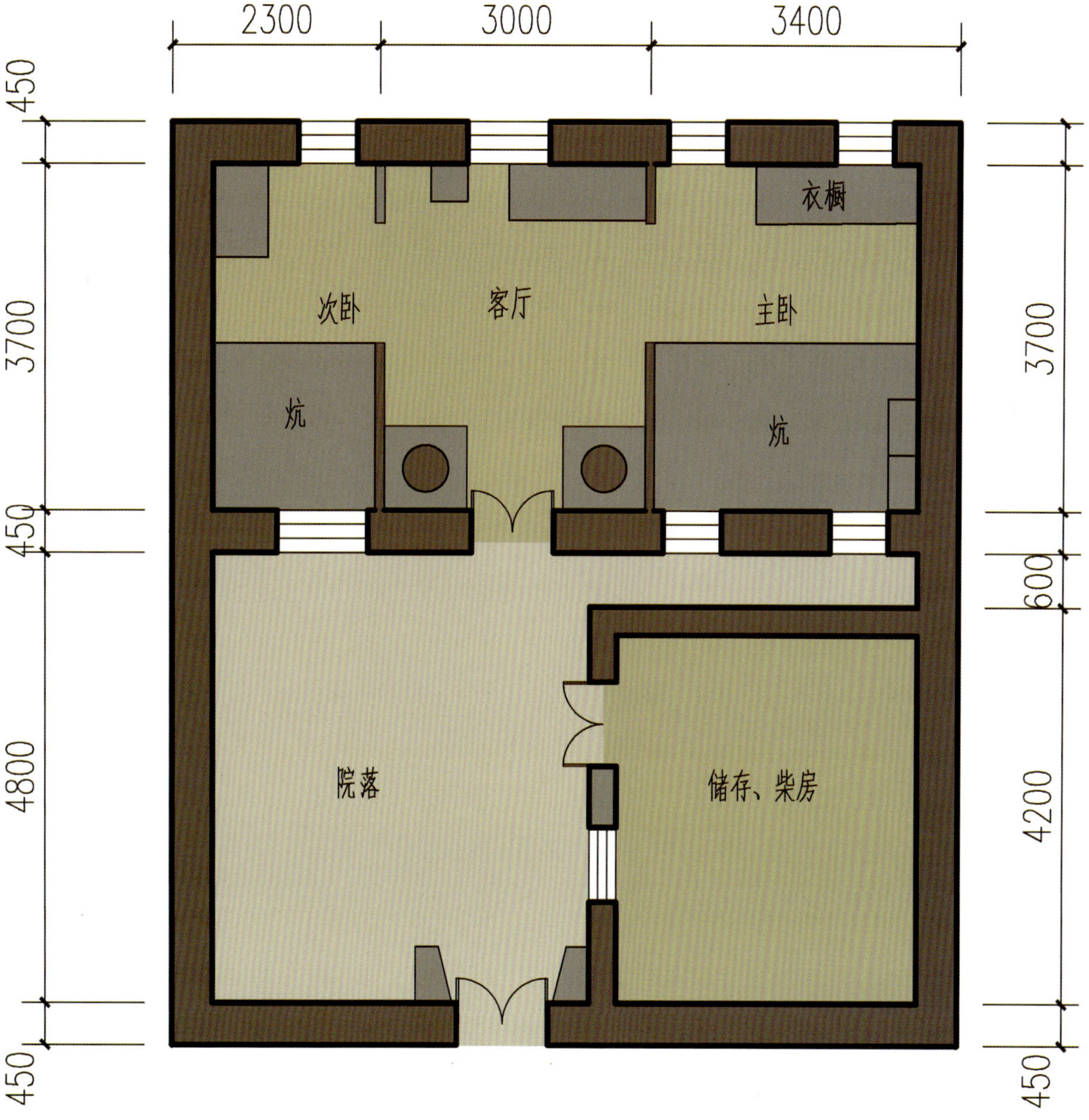

民居平面示意图（单位：毫米）

以上 4 张示意图根据凉泉村住宅测绘制作，是崂山地区典型的一进院三开间民居样式。正间功能有两个，一作为灶房，内设锅灶一个或者两个，分别通向两侧暗间；二作为平时用餐、待客及过年过节摆放供品祭祀祖先的空间。

四开间

崂山部分传统民居为四开间，比三开间多设了一个小里间。

下图为西九水村一户四开间的民居，里面多设了一个专门为女儿准备的小里间，俗称“闺女炕”。因为墙体比较厚，影响室内采光，所以窗口向内做成喇叭形。

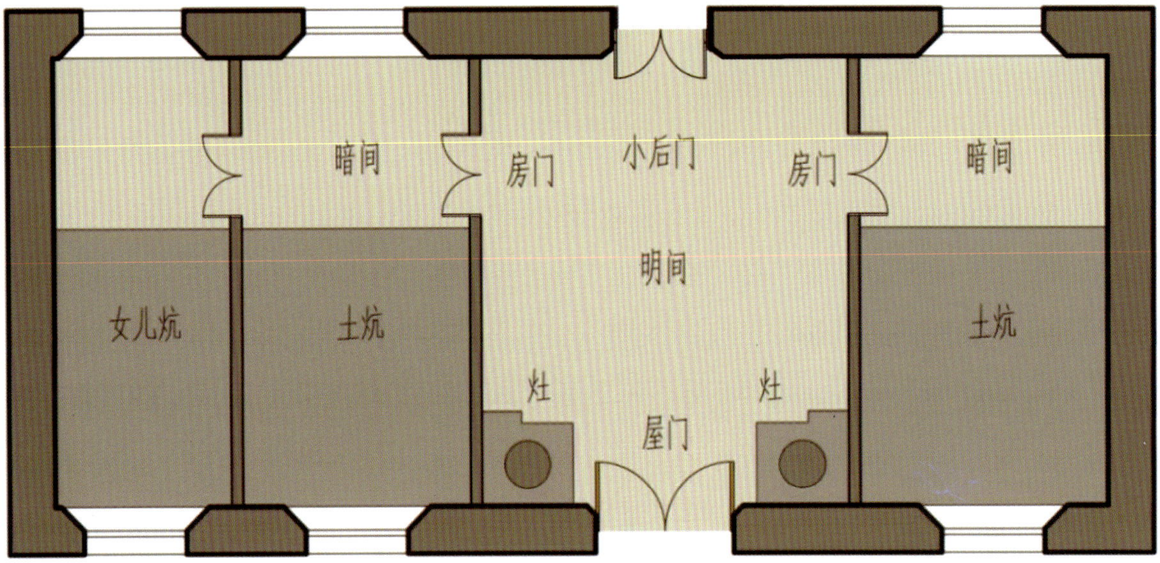

西九水村四开间民居示意图

四开间民居

四开间民居

五开间

旧时，五开间的民居在崂山地区比较少见，一般为大户人家所拥有。其布局为前墙中间位置开户门，屋内用土坯垒墙分隔成五间，正中为明间，在户门对着的后墙开一后门或后窗。左右与明间相邻的房间分别称为“东间”“西间”或“外间”，东间、西间里侧各有一稍窄的房间，分别称为“东里间”和“西里间”。各房间的前墙开窗，后墙一般不开窗或开较小的窗。也有的人家不分隔成五间，而是东侧或西侧的两间改为一个大的房间。

五开间民居

五开间民居

第三节 立面形制

崂山地区传统民居建筑单体立面比较简洁，一般是两段式，即屋身与屋面。宅基地地势起伏较大的民居立面还有石材台基。由于地势不平，在建造过程中需要用石材进行宅基地的找平，台基抬升了房屋高度，也可以使得房屋采光和通风较好。

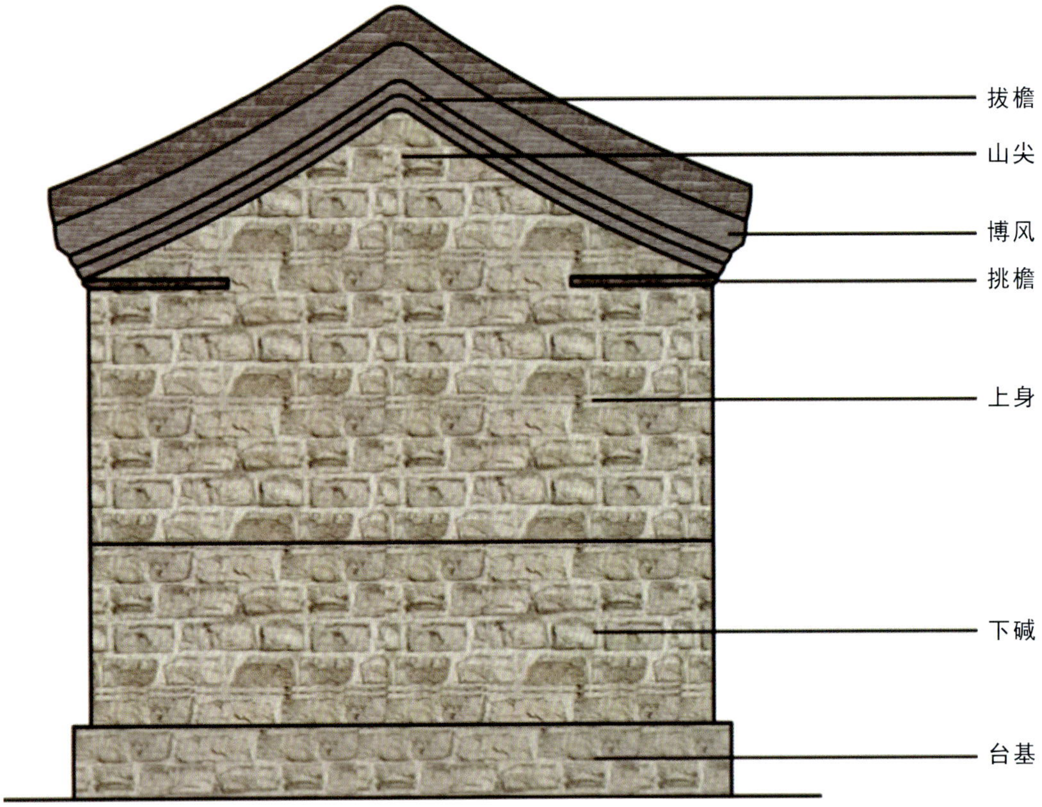

山墙的立面组成示意图

檐墙

檐墙是建筑物外部的纵墙，又称外纵墙，在建筑前檐的叫"前檐墙"，在建筑后檐的叫"后檐墙"。崂山三开间民居前檐墙通常正中开门，两侧开窗，厢房、倒座檐墙有一侧开门、一侧开窗的形制。

前檐墙

崂山民居建筑的整体形制灵活多变。有一些民居的户门并不在中间，而是在东间或西间。受巷道或地形的影响，还有的户门开在山墙和北侧。

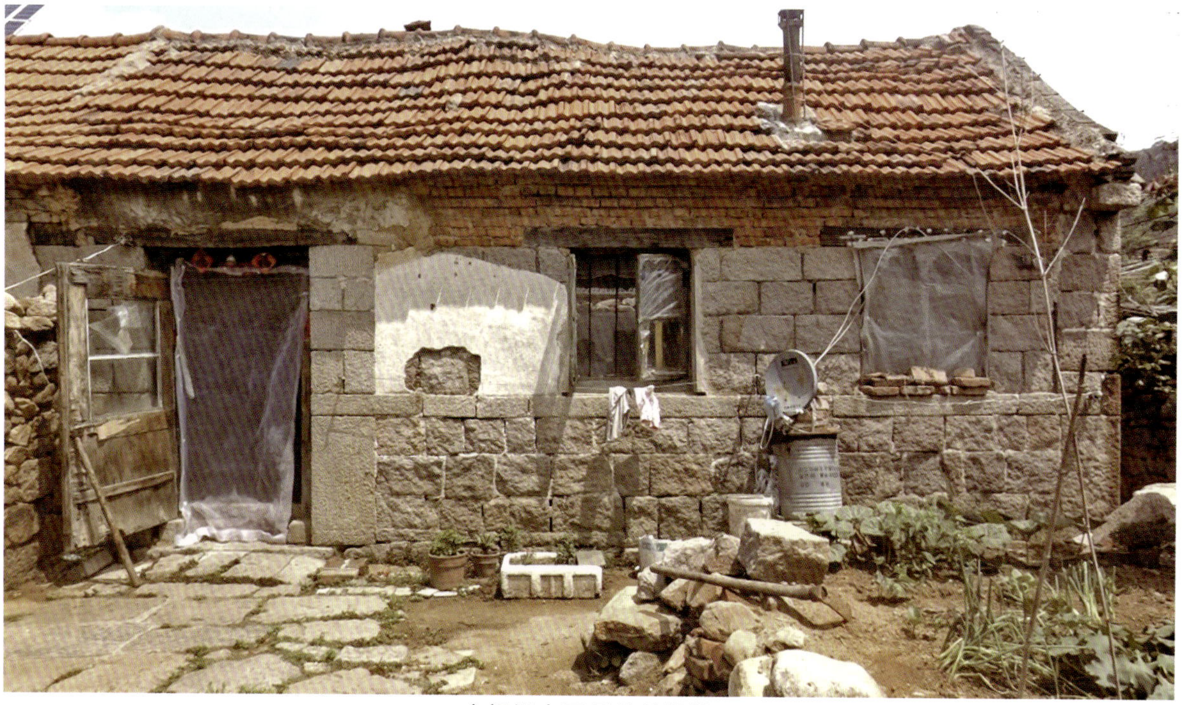

户门设在西侧的前檐墙

户门设在东侧的前檐墙

户门开在后檐墙

后檐墙

厢房檐墙

崂山传统民居檐墙上悬挂日常用的农具和生活器具，既节省空间又方便取用，还可避免日晒雨淋。

檐墙上挂担杖

檐墙上挂日用器具

檐墙上挂木头

山墙

山墙是位于建筑开间方向两端的墙体。在北方民居建筑中，通常把山墙上部砌成三角形，直接把檩条支撑在三角形山墙上，这种方式被称为硬山搁檩。崂山传统民居均为硬山搁檩，即屋面有前后两坡，两侧山墙与屋面相交，硬山墙把檩头全部包封住。崂山建造的民居样式众多，山墙山尖也五花八门，各具特色。

崂山传统民居的山墙通常有两种砌筑方式：一种为全部用石材砌筑；另一种是砖石结合，使用崂山花岗岩、青砖或红砖垒建，下半部分为石砌的墙体，上半部分采用青砖或红砖与石材组合砌筑。

石砌山墙

石砌山墙根据拔檐使用的材质可分为石砌拔檐和砖砌拔檐。

石砌拔檐

整体式乱石砌筑山墙，有挑檐石，石砌拔檐，山尖为尖山式样。

整体式块石砌筑山墙，有挑檐石，石砌拔檐，山尖为尖山式样。

黄山村的一处山墙，石砌拔檐样式。

条石山墙

用不规则的石头垒的山墙

砖砌拔檐

整体式乱石砌筑山墙，有挑檐石，砖砌拔檐，山尖为琵琶式样。

用规则方正的花岗岩垒的山尖，青砖砌拔檐，山样石为三角形，山尖为圆山式样。

条石砌山墙，青砖砌拔檐，山尖为尖山式样。

块石山墙，红砖砌拔檐，山样石是菱形方石，山尖为圆山式样。

砖砌拔檐的石砌山墙

砖石组砌山墙

山东头社区的一处山墙。石砌下碱，有腰线石，带有墙心的上身，有挑檐石，五花山墙，山尖为圆山式样。

李家下庄社区的一处山墙。石砌下碱，五花山墙，山尖为圆山式样。

石砌下碱，整砖上身，砖砌拔檐、博风板、披水砖，博风头有图案，山尖为尖山式样。

石砌山墙，砖砌拔檐、博风、披水砖，山尖为尖山式样，在墙身与屋面交界处有砖砌变檐。

山尖为圆山式样的五花山墙

何家村山墙样式

大石头村山墙样式

王山口社区山墙

张村山墙

石头和红砖垒建的硬山墙。块石垒四层小山花，红砖拔檐，山尖为圆山式样。

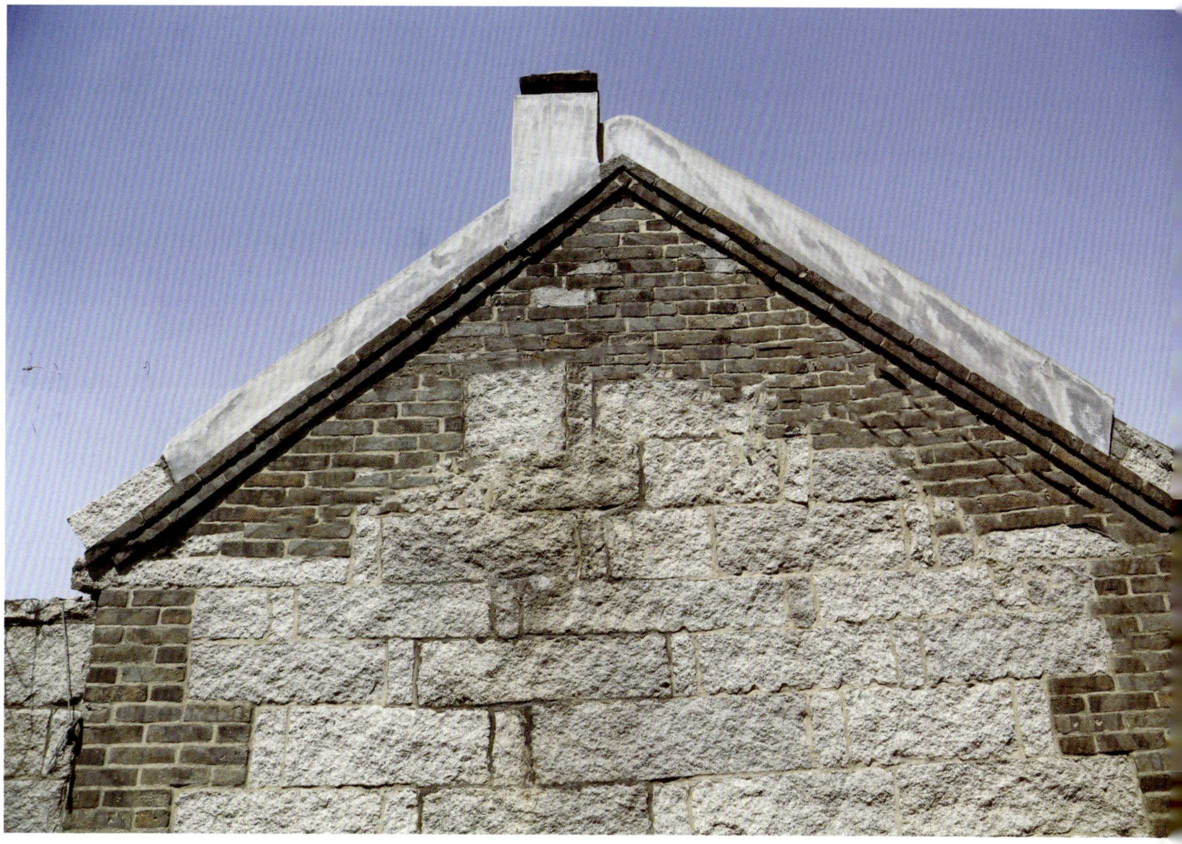

青砖和石头砌筑的山墙

山墙开窗

中国的传统民居合院的一大特点是封闭性，院内的房子较少向院外开窗。硬山墙是房屋两侧的承重墙，一般是不能开窗开门的。但为了改善室内采光通风，一些房屋在山墙上设置窗户，有的开了两个窗户。

山墙开单窗

山墙开单窗

山墙开双窗

贴山、伙山

有些房屋受地形限制，需要与邻户共用山墙。如果邻户房屋已经建好，后建者可靠着其山墙另行砌筑，称为“贴山”。如果两座房屋同时开建，则可共用一面山墙，称为“伙山”。按照当地风俗，处在横向同排的房屋，一般是“一檐一脊”，即两家或多家的屋檐与屋脊的高度相同或“让东不让西”，东面房屋的高度要小于西面房屋的高度。

两户贴山民居

两户共用伙山的民居

小河东村联排伙山民居

大崂村的一户民居，左伙山，右贴山。

第四章 营造工艺

传统民居的营造工艺属于地域技术，是人们在长期实践中，在对当地生态环境与资源状况深刻认识与智慧选择的基础上，使民居功能、形式、构造达到较为完美的结合。地域技术是历经岁月的锤炼而成的地方智慧结晶，成为地区社会文化不可分割的构成部分。同时，地域技术不仅受制于材料的性能，更受到地区的生产力水平与经济状况的制约。但其所贯穿的"因地制宜、因事而制"的原则，仍然是现今营建活动中最具活力的部分。

传统民居的营造工艺依靠匠人承袭得以传承，并以民居实体为载体得以呈现。对于民居营造工艺，传统的传承方式有两种：家族式传承和师徒式传承。目前面临的状况是传统民居在逐渐消失，营造工艺传承也越来越难以为继。

第一节 台基处理

在中国古代建筑中，台基是整个建筑的承台基座，它必须有足够的支撑力来保持建筑物的稳固平衡。台基的地上部分称为台明、阶台，地下部分称为埋头。

崂山地区的村落大多坐落于地势起伏的山地，在建造房屋时需要对场地的高差进行处理。台基是石材砌筑的平台，用以进行地势找平以及抬高，可以为房屋创造更好的采光通风条件。

在房屋建造中，地基基槽以乱石装基，地基之上用两层以上的长方形防水石（俗称块石）或质地好、面平的天然石料层层压拉。有条件的人家会在两层石材以上继续使用石条或块石；无条件的人家则只在屋脚部分使用条石，其余部分用乱石或天然石块，从而形成多种砌筑的形式。

固石台基

崂山自然孕育出峰高山陡、崮石裸露的地貌。很多村落中有形状不一的奇石怪岩，因为这样的"坐山崮子"清除不易，所以村民选址建房时往往直接把固石作为地基。因此，固石台基成为崂山独有的一种台基。

在房屋建造场地内，如果正好有一块大的石头，那么就可以借助这块石头，其余部分用块石或外表面平整的天然石料，通过层层压拉的方式砌成高台，再用卵石或地瓜石填充，以满足房屋地势找平的目的。

固石台基

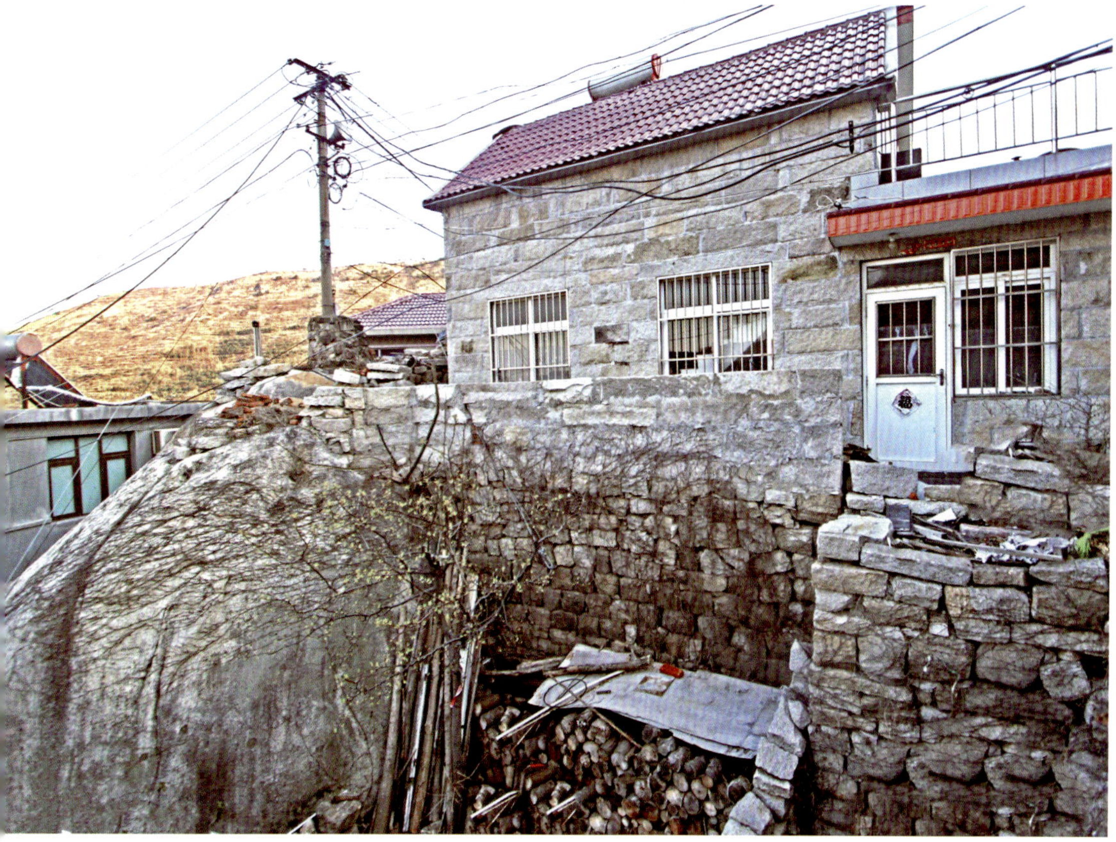

固石台基

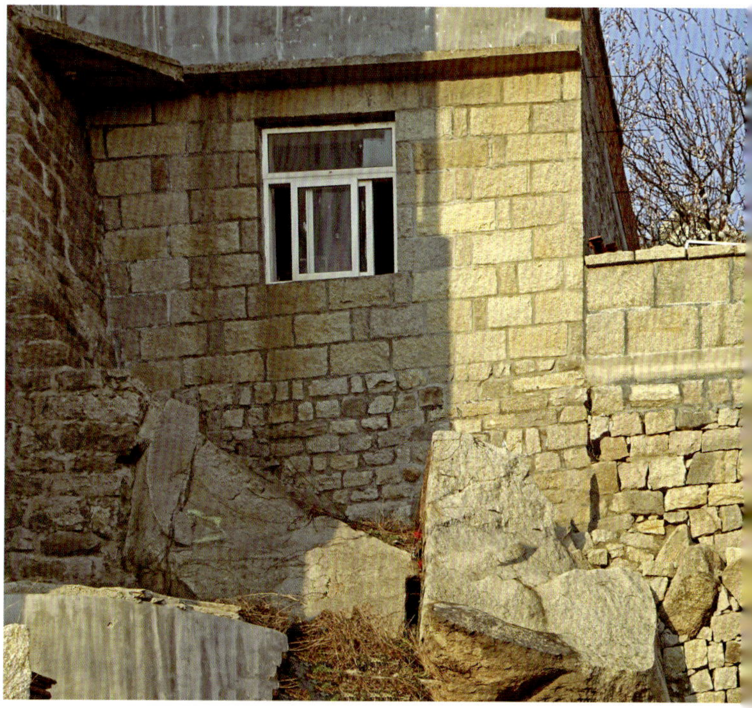

乱石台基

乱石台基的砌筑是以乱石装基。有些居民会在屋脚部分使用石条，其余部分或使用卵石或碎石块，整体给人一种粗犷的美感。这是崂山传统民居建筑营造中较常出现的一种台基做法。

乱石台基

乱石台基

第二节 墙体砌筑

崂山传统民居墙体一般为用表面不做处理的石材砌筑的清水墙，石缝多用黄泥和砂浆勾填，用来防止风雨的侵蚀。经过勾缝后的石墙表面看起来更为整洁、朴实，充满浓郁的乡土气息。

民居的外墙是最有代表性的墙体。外墙起着分隔室内外空间、承托屋架、承托自重、保温隔热的多重作用。墙体建造方式是由材料所决定的。

在劳动力匮乏、各方面技术不发达的时代，村民们只能用未经过加工的卵石、乱石盖房。上百年的房屋饱经风霜雨雪的洗礼，体现了崂山独有的特色。后来，有了经过加工的条石、块石，当地人常将这几种石材混合使用，分别用在所需要的位置。这样在美观的前提下，可以最大地节省开采石材的劳力，同时发挥材料的性能。

民居外墙采用叠砌的方式，全部用石材砌筑，厚度在 40 厘米左右。砌筑外墙时，在内外的水平方向上，外侧优先采用平整大块的石材，不同大小的石块相互叠压。根据建造成本，中间采用碎石与黄泥或土坯填充；在内侧表面涂抹掺杂秸秆的黄泥进行找平。

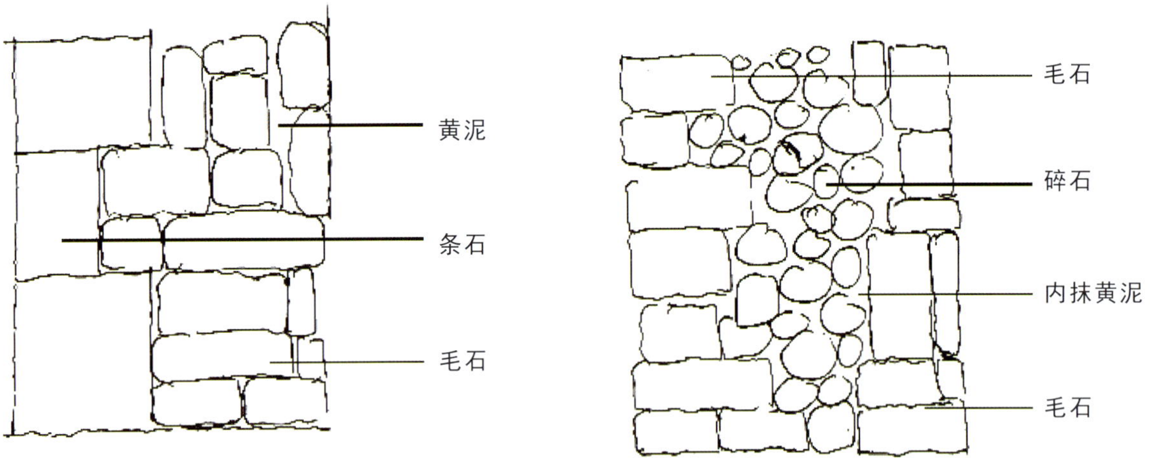

不同石材砌筑的墙体剖面示意图

汉河社区民居墙体断面

凉泉村居民墙体断面（中间采用碎石与黄泥）

何家村的一处民居断壁剖面

岭西村的一处老房墙体剖面

黄山村的一处墙体断面（中间采用碎石与黄泥）

崂山的建筑依山就势而建，街巷多起伏转折。当屋角与街巷发生冲突时，在墙体砌筑时通常采用屋角切角或圆角的做法。

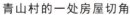

青山村的一处房屋切角

段家埠社区的一处房屋圆角

旧时，崂山各村落交通不便，村民建房大多就地取材，建筑墙体多用崂山中所产石材，如卵石、碎石砌筑，或者将石材简单加工，直接混合黄泥垒砌，建筑风格十分粗犷。中华人民共和国成立后，随着采石技术的进步，石材被加工为条石或者块石后再用以砌筑。崂山的交通条件改善后，砖的使用越来越多，砖砌墙体越来越普遍，其砌筑方式较崂山传统民居砌筑工艺要简单得多。

乱石墙

乱石墙立面表现出不规则的纹理分割，一般出现在院墙、山墙面和建筑背立面，选用材料为大小不一、形状不规则的石块，风格粗犷。建筑正面与山墙面交接处，则常以规整的大条石砌筑，起到保护转角、至檐口处挑檐的作用。

中崂社区的乱石老房

东姜社区的乱石老房

房屋乱石墙体(交接处常以规整的大条石砌筑,以增加墙体的稳定性)

乱石砌院墙

卵石墙

千百年来，崂山上的石头被流水冲击，滚落到河谷，因棱角风化和磨损而变成不规则的卵石。如较长的石人河中有各种各样从崂山上滚落下来的卵石。五龙河、白沙河流域也有较好的卵石。

早期为了节省采石的劳力，崂山居民大多从河中挑选石材砌筑房屋。在建房准备阶段，负责指挥的“大工”从河里挑选卵石。挑选时，即根据经验规划房屋及院落的大小，估算出所用石材的大概数量。砌筑的时候，指挥工匠将每一块挑选的石材放在特定的位置。天然石料虽未经过进一步加工，但也能砌筑得严丝合缝。这样建造出来的房屋坚实稳固，保留了最原始的风貌，风格十分粗犷。

河水冲刷后的山石

卵石墙砌筑

崂山有些山村仍保留着很多卵石建筑，其中下葛场村、大崂村、乌衣巷村、凉泉村保留着大量的卵石民居。解家河、囤山、何家村都有卵石房，以何家村为多。

下葛场村的卵石房

何家村的卵石房

乌衣巷村的卵石房

卵石砌筑的屋墙

凉泉村卵石砌筑的院墙（转角处以大石块咬接，以增加墙体稳定性）

卵石墙

卵石砌筑的院墙

垒墙的石匠们摸索出一套用大小不规则的乱石、卵石垒墙的技术，垒成的墙体也比较稳固。

条石墙

条石墙所用石料加工整齐，石材一般为浅青灰色，垒成的墙身立面石缝很小，石材表面有时会凿出花纹，更讲究的会加工成表面光洁的“剁斧石”。条石墙砌筑常采用高为 30 厘米、厚为 12 厘米左右的条石错缝堆砌，营造出建筑立面上的透视感，使建筑显得更高。砌墙时每隔一段距离，都会砌入一块厚约 40 厘米、贯通内外的“丁石”，以起到拉结、加固墙体的作用。

条石砌筑的房屋

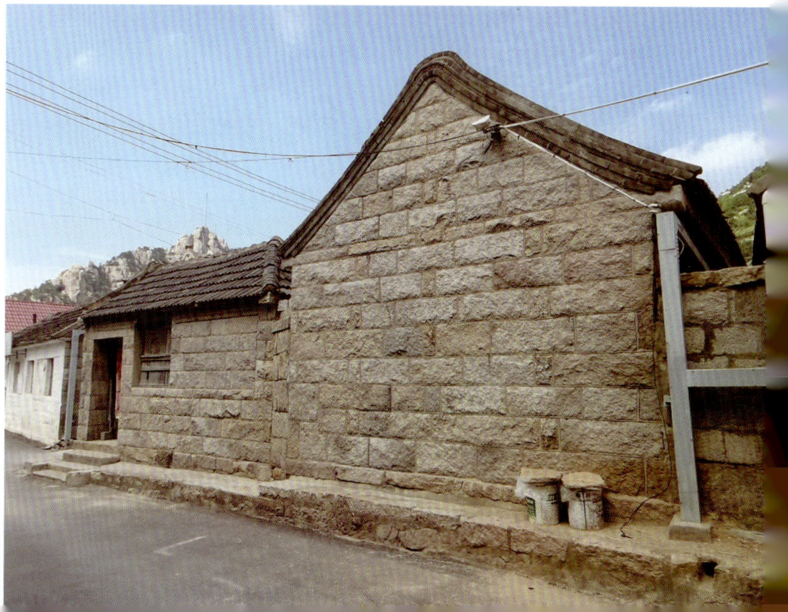

条石墙体

条石墙体（从墙角可看出“丁石”结构）

崂山地区祠堂、庙宇等建筑的条石墙体表面常会凿出竖向、斜向条纹或马蹄状花纹，这样加工的石材被称作“拉杠石”和“点花石”。

拉杠条石

拉杠石墙体（青山村林氏祠堂外墙及大门门楼石材料，全经细加工，门楼组合石材全是三遍剁斧石）

块石墙

块石墙与条石墙相比，石材接近方形，尺寸比条石小，厚度在 20 厘米左右。因所产区域不同，石材种类各异，表现出质地和色彩的变化。块石墙面的墙缝较大，一般做抹灰处理。

块石砌筑房屋

块石墙体

崂山当地居民为达到墙体立面美观的效果，在建造过程中通过石块不同角度的砌筑，营造出菱形的装饰效果，使墙面出现了丰富的纹理变化。

菱形块石砌筑房屋

菱形块石砌筑槛墙

菱形块石砌筑院墙

砖墙

崂山传统民居中的砖砌房屋一般使用青砖，采用砖石结合的砌筑工艺。

郑张社区的砖砌老房

朱家洼社区的砖砌老房

砖砌房屋

砖砌房屋

组合式墙

组合式墙由条石墙、块石墙、乱石墙和砖墙组成。一般墙身主体用条石砌筑，墙心用块石、乱石或砖石垒砌。这种组合式的做法综合了材料各自的优势，材料的材质和色彩也为建筑立面带来了丰富的变化。

组合式院墙（石墙由天然石料和手工加工石料砌筑而成，经过岁月的打磨留下了温润的痕迹）

组合式院墙（该建筑建造年代较晚，所以由块石、卵石和红砖共同砌筑而成，墙面较规整）

凉泉村的一处组合式墙体

组合式院墙

室内隔墙

在内墙的建造材料选择中，石材的耐久性优势消失，开采难度大、垒砌方式复杂、占地面积大等缺点被放大。因此，崂山传统民居没有室内石质墙体，基本采用土坯隔墙。

用土制作的砌筑内墙的墼

拓墼用的工具

崂山老房子的室内隔墙

第三节　屋顶构造

崂山民居多为双面坡屋顶，屋顶坡度比较小，梁架大约成 35° 角，檩条架设在八字木上。先在檩条上铺一层高粱秸，再抹上一层黄泥与熟土的混合泥，称为“屋扒”。然后将麦秸草或山草铡成适当的长短，从屋檐处依次向上分层披草。每铺完一层要抹上黄泥进行固定，并用钉耙理平整。最初的时候，等草铺到屋脊时需要用长秸草勾脊，然后在上面压一层泥浆，压盖上鞍子瓦。后来建造的房屋屋脊采用传统的陶筒瓦。麦秸草因为使用寿命不是很长，遇到大风天气时有可能会全部被刮掉，所以需要人们根据实际情况定时更换。而采用结实的山草，房屋使用寿命可达到 30 ～ 50 年。过去一些富裕人家会用青瓦铺设屋顶，不但遮风挡雨效果好，还能保护原有的山草屋顶。20 世纪 80 年代后人们普遍用瓦覆顶，且红瓦成为主流。

典型的双面坡屋顶

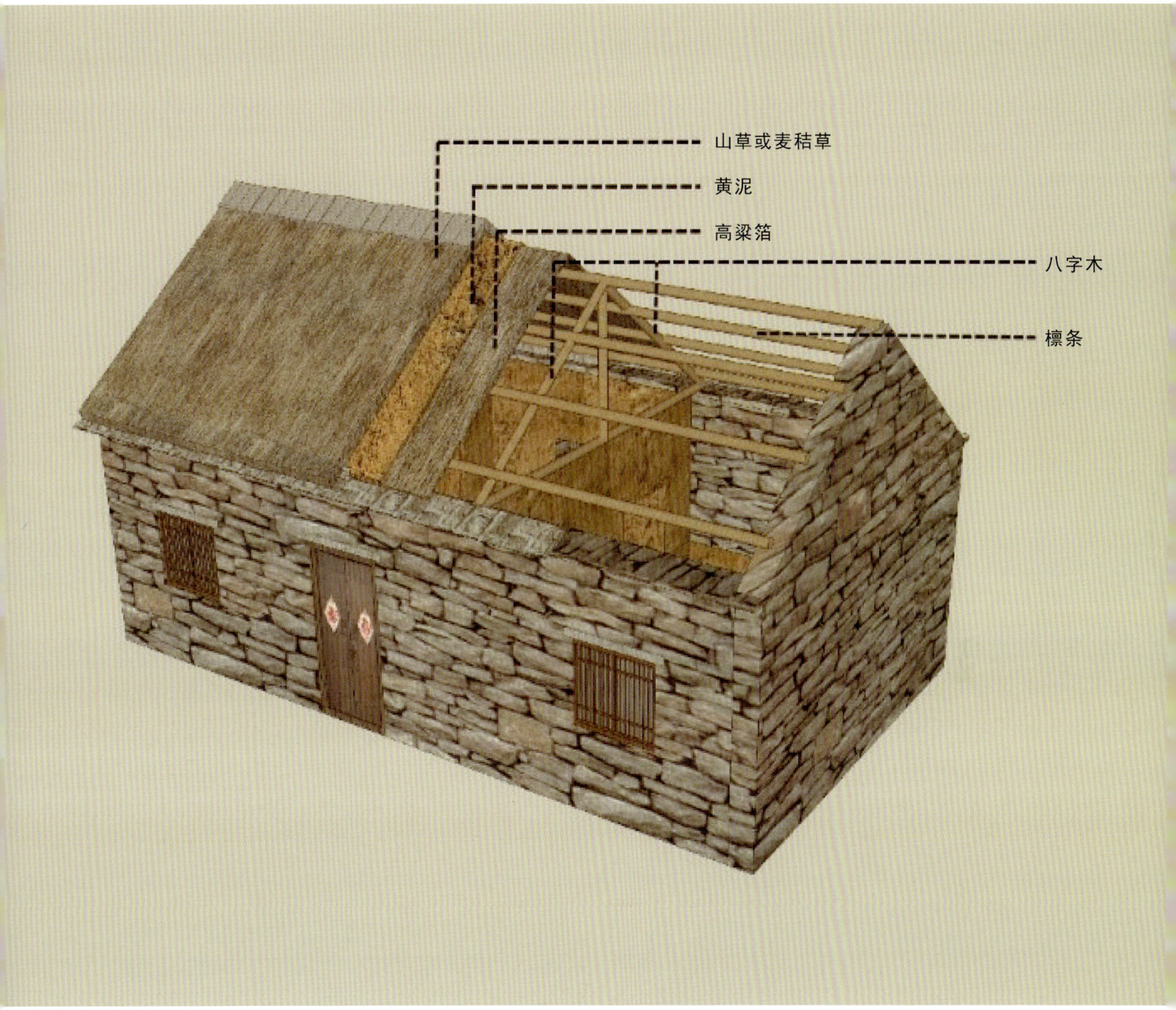

屋顶构成模型示意图

屋架结构

崂山传统民居建筑单体明间的屋架通常安放在正面和背面的檐墙上，山面梁架被硬山墙取代。山墙以石材砌筑，有较好的承载力和保温隔热性能。屋架的形制大多为木制“大叉手式”，由八字木、横梁、蜀柱等组成。

大叉手式屋架结构

早期建筑屋架结构在大叉手下设蜀柱，中间的蜀柱连接八字木的上端，下端则搭在横梁的上面。晚期建筑屋架在蜀柱柱脚增设斜撑。檩条架设在八字木上，在施工时匠人会预先在八字木上留好榫口。檩条上再铺设屋面材料。也有的屋架大叉手下不设蜀柱。

大叉手式屋架结构，蜀柱柱脚增设斜撑。

蜀柱结构复杂的大叉手式屋架

无蜀柱大叉手式屋架

吊顶

房屋结构搭好之后，在明间前半部分会设置吊棚。吊棚的檩条俗称龙骨，直接搭在屋架的下弦上。可设置 5 ～ 9 根檩条。檩条的上面先用粗高粱秸铺平勒紧，再用黄泥抹平。东、西间的吊棚有的是半棚，有的则为满棚。设置吊棚有利于保温隔热，也可作为储物空间。以前，人们在吊棚的上面储存地瓜等食物、搁置杂物。而现在，吊棚主要起装饰作用，一般不会在其上面放置物品。

吊棚

平屋顶和单坡顶

崂山传统民居中的平屋顶建筑一般作为厢房或倒屋存在，墙体多用花岗岩石材砌筑，屋顶多用石条铺设。这种建筑建造成本较坡顶房屋低，可有效减少对正屋、院子采光的影响，功能也比坡顶房屋要多，可作为仓库和晾晒粮食、鱼干等的场地，夏天的晚上还可在屋顶上乘凉。

石头砌筑的平顶房

用长石条铺筑的屋顶，有较长的挑檐，展现出厚重的风格。

单坡顶建筑在崂山的数量极少，一般作为临时用房或功能用房，如养殖看护房、仓库等。

单坡顶房屋

屋面类型

崂山传统民居的屋顶绝大多数为硬山两坡屋顶。硬山有利于防火，且节省木材。旧时崂山民居大多采用麦秸草和山草作屋顶，房屋的坡度一般为1米，起高38～40厘米。传统民居一般为四六尺房子(即正间宽为6尺，东、西两间宽为4尺)，装上八字木和梁后屋山的高度为1.8～2米，再加上檩条、扒泥、草等还要高一些。当地的民规有“东不欺西、前不欺后”的说法，意思是东屋不能高于西屋，前屋不能高于后屋。

20世纪60年代前，崂山村落中瓦房极少，多用麦秸草和山草披顶。因屋檐常年滴水容易腐烂，条件较好的人家会在屋檐处单独铺两层瓦，俗称檐瓦。

20世纪初的青山村山草顶老房子

山草屋顶

小河东村铺两层檐瓦的草顶老房

20世纪70年代后，随着崂山交通状况的改善，经济条件开始好转，机制瓦逐渐普及。民居维修时，多在原有草披屋顶之上加盖瓦片。这样既保持了传统村落中老屋的建筑风格，又可以使得山草、麦秸不易腐烂。90年代后，建造房屋逐渐弃用山草披顶方式，而用木板代替高粱秸，用油毡代替山草、麦秸，直接在屋顶上盖瓦。虽建设简便，但相比草披屋顶，隔热御寒性能大大降低。

瓦覆披草屋面

崂山民居中两坡顶相交的正脊构造方式主要有两种：一种是用砖起脊，脊两端做象鼻状升起；另一种是用灰泥抹圆，使两坡相交，不起脊。第一种做法比较少见，在崂山民居中，早期用砖比较少，用砖起脊的建筑一般是祠堂等公共建筑，而在民居建筑中不起脊的做法则更多。

屋顶正脊起脊

屋顶正脊不起脊

屋面檐口

崂山传统民居中，绝大多数檐口都做挑檐。挑檐的目的主要是排泄雨水，避免墙体及屋角被雨水浸湿。挑檐的长度影响阳光入射室内的时间。北方地区为了防止冬季阳光入射不足，挑檐长度较小，长的 30 ～ 40 厘米，短的仅 15 厘米。

人们为了增加屋檐的出挑深度，一般会在原有檐椽的外端加钉一截椽子，新加的这段椽子叫飞椽（俗称“连檐橛子”）。飞椽的长短根据出挑的深度而定。崂山早期建筑用平出的木椽挑檐。使用木椽出挑时，椽搁置在石墙顶上，椽的长度较小，只承受屋顶出檐部分的荷载，不支撑整个屋架系统。使用的椽截面多呈圆形，直径为 6 ～ 10 厘米，排布紧密，上面置一层压椽木板，承托屋瓦，出挑距离不大。

木椽上面置一层高粱秸

木椽上面置一层压椽木板以承托屋瓦

山区村落因开采加工石材方便，房屋檐口处多用石板出挑。檐口用石制作，铺设薄石板，称为“罗汉衣”，是当地特有的一种做法。这也显示出山区聚落建筑用材的地域性和独特性。

石檐口

檐口铺设薄石板

檐口铺设薄石板（入户门上方用水泥做一挡水梁，雨天减少门口滴水量）

还有一种砖砌檐口，用砖叠涩出挑。檐口一般为双层菱角檐，砖墙顶上一层的砖侧放，使砖角突出墙体，形成第一层出檐。侧砖上放一层压砖板，压砖板略突出于砖角，这样既可稳住第一层的侧砖，又承接了第二层的侧砖。第二层砖角更突出地压一层的压砖板，成叠涩出檐。

砖砌檐口

砖砌檐口的房屋

烟囱

崂山人将烟囱称为“釜炱”。民居明间灶台的烟道与火炕相通，烟气经过火炕后由山墙上的烟囱排出，砌筑墙体时需要预先留出烟道。

当与他户合用一面山墙（俗称“接山”）时，两家需将烟囱的位置错开，以保证墙体的牢固。

烟囱

烟囱

凉泉村一处房屋的烟囱及烟道

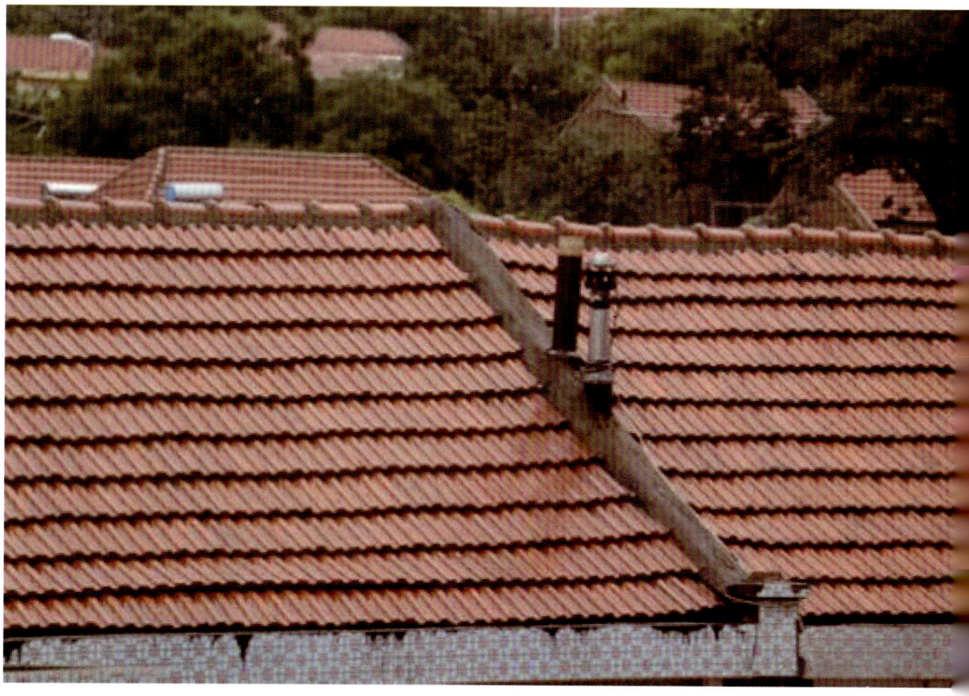

两家房屋接山时烟囱的位置上下错开

第四节 门窗过梁

窗洞

崂山传统民居东、西两间的正中向阳处，通常开有 80 厘米见方的的前窗，一般是 4 间房 1 门 3 窗，3 间房 1 门 2 窗，2 间房 1 门 1 窗。崂山民居的墙体较厚，为了改善室内采光，有些窗洞口向内做成喇叭形。

喇叭形的窗洞口

向内呈喇叭形的窗洞口及拆除的炕和墙体上竖向的烟道

过梁

民居门窗上方的过梁(崂山人称为“上槛”),有石过梁和木过梁两种。

石过梁

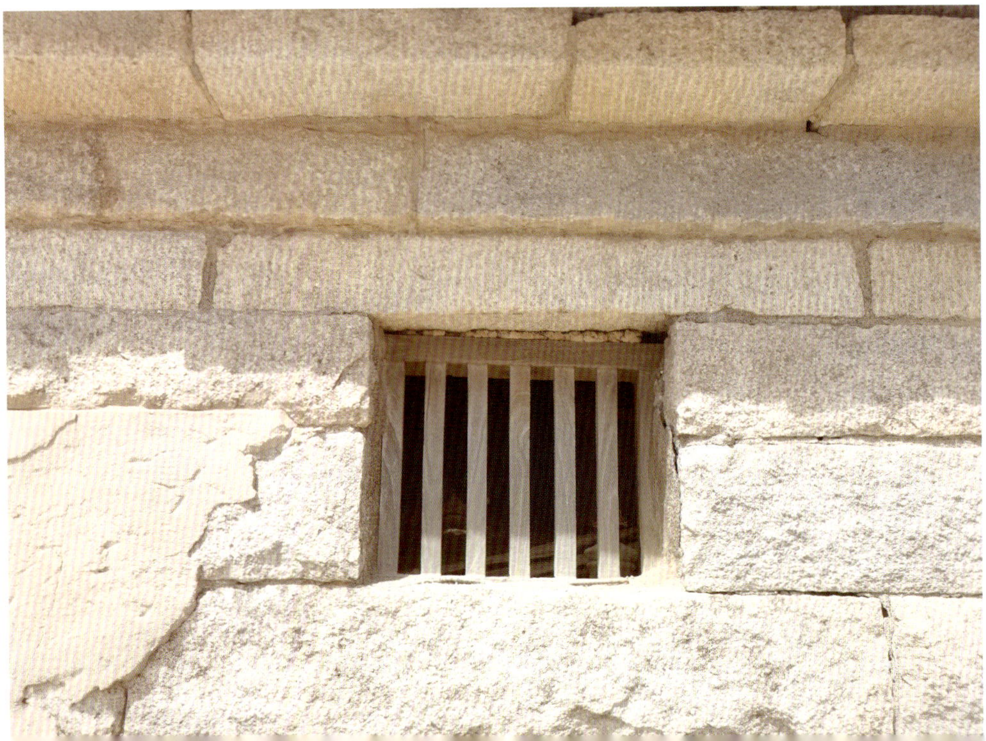

木过梁

窗扇

早期民居的窗户一般是棂子窗，它是用直棱条在窗框内横竖交错排列组成的一种最简单的窗形。窗口安装 9 ～ 11 根棂木质窗扇，固定不能开启。春、秋、冬三季，人们将又薄又白的窗纸封在木棂窗扇的内侧。夏天，则将窗纸撕去，以便通风，晚上在窗棂内侧挂上蚊帐，防止蚊子飞入屋内，或在屋内点燃艾绳及山胡椒晒干拧成的草绳，驱赶蚊虫。

直棂窗

中华人民共和国成立后，翻新房的门窗逐步使用玻璃。20 世纪 70 年代以后，建房时窗户加大，尺寸为高 1.2 米、宽 1 米左右，为木框全玻璃窗。室内采光大为改善，房子的外墙石料加工也比以前更细致。

老式玻璃窗

后窗、后门

崂山传统民居的明间一般设有后窗，可以改善室内的通风，通常尺寸较小。卧室（暗间）一般不设后窗，以更好地御寒。部分民居后窗处会增大尺寸并安装可以开启的门板，称为后门。后门可方便人进入后院，在战乱的年代也是躲避祸害的重要逃匿通道。

后窗

后门

木门

院门处一般筑门楼。在院门两边的墙垛内，要镶上厚厚的长方形门框。门框内安装木质大门。

木质院门

旧时，穷苦之家以草扎门掩户，一般人家用两扇木板门，富裕人家会制作带棱格的精致木门。中华人民共和国成立后，普通人家基本加装玻璃木门，但为御寒保温，很多仍保留木板门作为内门。

木板屋门

木板门外加装玻璃木门

带棱格的屋门

第五章 习俗陈设

一个现实中的建筑与孕育它的环境密不可分，建造时的经济条件、技术水平、人们的审美情趣、传统文化内涵等因素，成为建筑的限制条件或塑造了建筑的特色风貌。文化习俗是一种特定的文化活动，是一个地区长期发展的产物，具有浓厚的历史气息，其对建筑特色的形成具有重要影响。崂山传统民居建筑充分体现了当地的习俗和文化。

第一节 流程习俗

崂山山势起伏，村落建筑受到环境约束，所以体量较小，房子的平面尺寸也比较小。

参与建造房屋的主要有石匠、瓦匠、木匠等。石匠是指开山凿石，或加工不同形状规格石材的工匠。瓦匠是指盖房时能做基础（农村称打地基）、砌墙、上梁、勒屋扒（将高粱秸勒在檩条上）、上扒泥、披草或披瓦的工匠（也有专事披草屋面施工的披草匠）。木匠盖房时负责装梁、修整檩条、上梁、上檩条、制作安装木门窗。

通常将盖房的师傅们称为“互匠”或“匠人”，领头人称“领作的”或“把头”。泥瓦匠的头领称为“执尺”。“执尺”者负责房屋设计，布局建房章法、造形，与房东交流确定房形，与木匠交流接洽房顶高度及屋檐伸出的尺寸等。

盖房时工匠们既分工明确又互相配合。砌房子的前脸（即前墙、檐墙）、砌两侧山墙的技术要求较高，需由技术高、既会石匠又会瓦匠的师傅负责；砌后墙次之；被里子（屋内墙体）再次之。这些负责砌墙的人称为“大工”。挑泥、搬石头、和泥、拾垫子（石皮）的人称为“小工”。

在崂山地区建造房屋需要较长时间准备建筑材料，材料准备好后方可动工。盖房时需 20 人左右，木匠、石匠、泥瓦匠等“大工”是专门请来的师傅，而帮忙出力建造房屋的“小工”都是来自亲朋好友及邻居。当地素有“打墙盖屋，邻邦相助”的习俗。对于“小工”，房东只管吃饭，不发工钱。过去盖房一般是“三天起屋”，所以在建造房屋的头三天内招待工匠们的酒菜甚是丰盛。

建屋流程

建屋之前首先要备料。建筑的材料在建房前都要准备好，所需材料多是就地取材。

石材。由于采石技术落后和经济条件差，早期民居所用石材大都是就地捡拾的山石，多为河淘石。后来随着社会的发展，人们有了工具，可以用铁锤、錾（钻）子开采石材，准备的石材种类便多了，有丈石、块石、乱石、里子石（屋墙内侧“被里子”所用的碎石）、过门石、过木石、梢石、梢石板、铺檐板、罗汉衣板（用于石头挑檐），还有屋墙平口时四个墙角的角檐石（也叫梢檐石）。

木材。房屋最好是“杉木檩、榆木梁”，即做檩用杉树、做梁用榆树，但这些木材比较稀缺，更多的则是用当地所产的楸木、松木等。桑树、槐树因与“丧”“坏”谐音，人们为避讳而不作为房顶木料。用作梁、檩的木料过去一般在村子附近山上采伐，后来由于资源匮乏大都出外购买。崂山沙子口附近的码头上，过去常有北方货船往来于江浙一带，去时满载当地特产，返航时带回南方货物，其中包括建筑上使用的木材、桐油等。

另外还要准备大量的高粱秸，以备扎“屋扒”和棚子用。

横梁和铺设的高粱秸

山草。胶东地区靠海边的民居习惯用海草披屋顶。崂山过去虽然也有海草房，但数量较少，更多的是用山草和麦秸草披屋顶。用海草披一次屋顶能用近 70 年，甚至百年；山草披屋顶可用30～50 年；麦秸草披屋顶可用 10 年。相对而言，山草房较海草房屋顶坡度更为平缓。建造三间房屋最少需要 2 千斤的麦秸草或山草；如果草披得很厚，可以达到 4 千斤。麦秸草须靠多年积攒和亲友互借。山草需到深山里面去割，扛回来晒干后存放备用。准备足够的披屋顶用草一般需数年。

山草垛

黄泥。建造三间房屋一般需要准备黄泥 2～3 千斤。需到村外找到有黄泥的土崖，用篓子一担担挑到地基上备用。黄泥主要用于砌石墙、抹屋扒、制作垒室内隔墙用的墼(土坯)以及抹室内墙面、地面等。

崂山传统民居建屋的主要流程如下。

选择建房地点。旧时，建筑房屋前，大多数人家都要请“风水先生”看风水，选择建房地址。

掘土安基、砌墙。挖基(地)槽：向下挖到有硬石的地方时开始安放基石，室内部分则将土整平夯实。砌基：用乱石、碎石砌基，大石块在下，小石块在上。砌墙：用丈石或块石砌房屋的前后墙(里子石砌在丈石或块石内侧，用黄泥粘住，墙厚 40 厘米左右)。装门窗框：砖墙砌到 1 米左右(三块丈石高)时安装门窗框，石墙则在门、窗口的上下左右四角处预留俗称“窗耳子”“门耳子”的孔洞，待新房建好后再安装门窗框及门扇、窗扇。

上梁。上梁是新房盖到“大平口”(房屋前后两边的高度已经盖平)时，把支撑房顶檩条的“架梁(八字木)”和“脊梁(脊印)”，即将八字木、梁、立柱为一体的屋架安放到屋墙的墙顶上。上梁后安装檩条，檩条的数量根据屋的宽度而定，有五檩的，有七檩的，也有九檩的；当房屋宽度大、屋山高时，檩条也有十一檩的。

砌山墙。上梁的同时，屋的两侧用石头垒成与屋架的坡度相同的屋山，便于挂住檩木。

盖屋顶。在屋顶的屋架和檩条上扎高粱秸箔，抹上黄泥。没有披山草时，叫“屋扒”。在“屋扒”上铺 20～30 厘米厚的山草，屋檐头上铺近 40 厘米厚的山草。20 世纪 80 年代前，房子上面均铺麦秸草或山草。改为瓦屋面之后的做法是八字木上面放檩条，檩条上钉 1 厘米厚的屋板(又叫扒板)，扒板上铺沥青纸，沥青纸上钉瓦条，瓦条上挂瓦。

砌房间隔墙。用土坯垒砌，隔墙从地面一直垒到梁底，梁上面再一直垒到八字木的顶尖，这样建筑室内的每间都可以用门扇或者门帘形成封闭空间。

打地面。室内墙面全都用黄泥打好后，将地面抹平压光。

建屋习俗

旧时，建筑房屋讲究风水，在建筑选址一般原则是房屋要建在“依山傍水”或“后有邻居，前面开阔”之处。关于建房选址也产生了“宁住庙前，不住庙后；宁住坟左，不住坟右”等谚语，反映了在科学不发达的年代人们对居住环境的朴素追求。

查好吉日，安基建房。建房的人家，要提前请专人在选好的地址上，按查好动土的吉日，请工匠挖基安放地基石。安地基之前，要先让有经验的老工匠在地基上准确无误地量好建房尺寸，并在地上撒上白灰水(或粉沫)，作为挖基的标志，保证房子建得方正，切忌“大小头”(一头宽、一头窄)，形成“棺材型”。

掘土安基。在查定的动土吉日那天早饭前，房主带领家中成年男子，手端放有香、纸、供品、鞭炮的方形木盘，来到宅基地上焚香烧纸，奠酒磕头，祭天地，放鞭炮，祈求盖房顺利。然后由家中的老人在宅基地上挖第一锨土，工匠们方能动工。安好地基后，何时盖房视情况而定。有的人家会“趁热打铁”，一气呵成垒墙起屋；有的人家则要过上十天半月，待屋基的基石坐稳后再盖，以免起屋后地基下沉使屋墙产生裂缝。

上梁拜天。上梁时，先把写好的上梁对联贴在东西梁架的立柱上，将横批贴在正间“脊梁（又称脊印）”的正中央；再将红布条和一双红色筷子拴在一起，用四个大钱将其钉在横批的正中。屋正中平地上要摆一个盛放有贡品的盘子，烧香、磕头、祭天、祭地。上梁时贴的对联，在崂山数百年未变，即“上梁迎百福，立柱纳千祥”，横批为“太公在此”。

起屋宴。从新房安基开始，房主便要一天三顿饭招待建房的工匠。招待工匠的饭菜，既要数量足，让所有的工匠能吃饱，又要花样多、质量好。开工当天晚上的饭称为“上工酒”。为给主人家减轻负担，房主的本家兄弟和平时关系密切的邻居，会轮流将工匠请到自己家里吃一顿饭，称为“代席”。按惯例，工匠在早饭和午饭时不能喝酒，以免因饮酒过量，从高处跌落造成伤亡；晚饭时可喝一点酒，以缓解劳累。新房盖了顶后（不管披草还是覆瓦），称为“起了屋”。起屋的当天晚上，房主要在新屋内摆上方桌喝“成功酒”，设宴招待参加盖房的所有工匠，以及帮助盖房的亲朋好友。宴席上不但要有丰盛的酒菜，而且喝酒之前要先“吃茶”。“吃茶”即备好茶水及香烟、点心、糖果等六盘“茶肴”，让工匠们边喝茶边吃点心、糖果垫饥。喝罢茶即开始上菜喝酒。酒席间隙，主人要带领家中主要成员，为参加“起屋宴”的工匠和亲友敬酒，以表达对他们感谢之情。按旧俗，起屋后的第二天清早，新房的主人要在新房内设宴，招待乡邻及亲友家中的女眷，再次表示感谢。

装修新房、垒院墙。旧时，崂山的穷苦人家盖房时，多为一处三间。有钱人家盖房时多为四间或五间，并在院落中再增盖东、西厢房和南“倒屋”，这叫“四合院”。“四合院”人家，因为家中财广粮多，所以他们家的房屋，多为小瓦（古瓦）压顶；倒屋的东侧或西侧设“过道”（俗称“过当”），大门设在“过道”的出口处，不再另盖门楼。一般人家的院落东、西、南三边，都垒有一人多高的院墙。南院墙的一侧（东侧或西侧）设门楼，门楼两边的墙垛内要镶上坚固的长方形门框，在门框上要安装厚重的木质大门。院落南墙边一角（西南或东南），垒有人、猪共用的“大圈”（厕所）。圈坑的四边垒有一人高的圈墙。圈墙靠中间墙的隐蔽处，开有入圈的门，以便于人或猪出入。但是，不管圈垒在院落的西南还是东南，圈门不得对着屋门口和直对窗口、大门口。为保持卫生，一般会在临街一侧的圈墙上开一个出粪口，这样出粪时无须经过院子进出。

出粪口

"烧炕"。当新房装修完毕，房主搬入新房居住后的一个月内，亲戚朋友们要携带礼物（包括粮食、日用品等）前来祝贺乔迁之喜，俗称"烧炕"。如果搬入新房内的是新婚夫妻，那么新媳妇的娘家人前去"烧炕"时，要为自己新安家过日子的女儿买上笸箩、簸箕、水桶、锅、饭桌、盘子、碗、勺等居家过日子必备的物品。"烧炕"时，主人要在新屋内设家宴，招待前来祝贺乔迁的亲友。宴席间，亲友要说些吉祥的话来恭贺主人乔迁新居之喜；新媳妇的娘家人，则要勉励小两口勤俭持家，过上丰衣足食的好日子。

在搬入新房之后，有的房主会在自家院落一边或大门外一侧栽种本地槐树。探究这一习俗的由来，一是槐树少有虫害，长大后可方便家人、邻居夏天在树下乘凉休息；二是当地有"门口栽棵槐，福来财也来"的民谚；三是崂山人的祖先大都于明初由云南的"大槐树里头"迁徙而来，在门口栽植槐树，是为了纪念先人，不忘故土。因此，崂山一些老房子的院落和大门旁，至今仍保留着已有上百年树龄、枝繁叶茂的老槐树。

房前种植的老槐树

王家村的百年老槐树

第二节 建筑装饰

建筑不仅是砖石土木的围合，而且是凝聚着历史与文化的“艺术品”。其中，装饰作为对建筑的一种美化手段，除了能够起到美观的作用外，还蕴含着丰富的情态意象、地域文化等内容，建筑特征也能够在建筑的装饰中全面地反映出来。受条件限制，崂山传统民居在屋顶墙檐的石构、木构及门窗等的装饰方面较为简单，但仍然有自己独特的文化表达方式。

大门作为民居对外的“门脸”，格外受户主们重视。崂山传统民居的许多功能性精巧装饰在大门上得到充分体现。

大门开关设置

“打关”。大门中间一般安上内外都可转动的“打关”。“打关”下方内侧，装有长长的“门关”，夜里需从内侧将大门关牢。“打关”内外，可自由扭动开关。为防止野狗入内，一般白天家中有人时，会将“打关”关上。大门外侧的“打关”开关一般设在右门扇，为木质可转动的构件，也有装有门环的大门以右侧门环作为“打关”开关。

大门外侧的木质“打关”开关

以右侧门环作为“打关”开关

“打关”内侧样式

门闩。门闩的基本构造是钉在两门扇内侧上的两块木料，中间各挖一个“门闩舌头”。在横向木门闩后三分之一处挖有一个透沟槽，下边还有一个往上顶的“小舌头”。把横向木门闩推到竖向木门闩处，竖向木门闩上的“舌头”正好插在横向木门闩的沟槽里。门关后从门外无法开启。将横向木闩下边的“小舌”往上一顶，然后一拉门闩，门就打开了。

门闩

门闩

门锁。崂山传统民居的大门外侧的上端，设一长一短两条铁链。上门框的正中，设一铁鼻。外出时，将门上的长、短铁链相交穿在一起后，将长链的一端扣挂在铁鼻子里，然后在铁鼻外头套上铁锁，就可将两扇门紧紧锁在一起。

崂山传统民居的锁门方式

大门装饰

门环。门环俗称响器，崂山人称为“门滑拉”，是安装在房屋大门上的拉手，并供叩门之用。门环也常被称为铺首或门钹，但严格说来铺首和门钹只是门环不同形式的底座。

各式门环

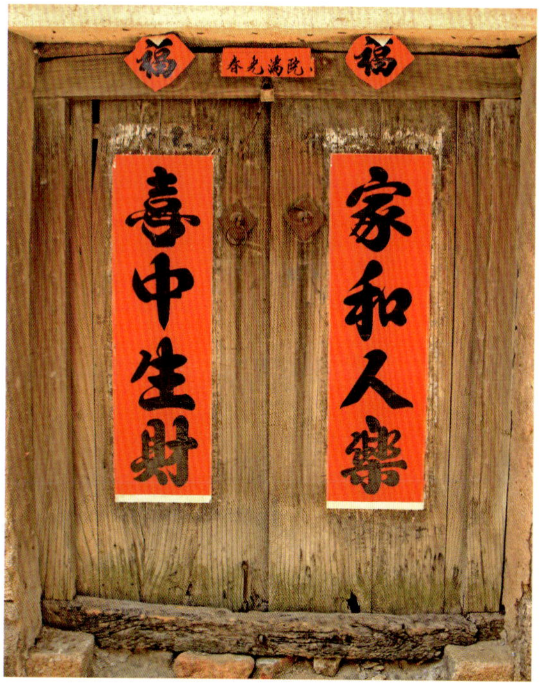

各式门环

门簪。门簪是中国传统建筑大门上的构件，安在大门的中槛上，是用来锁合中槛和连楹的。它就像是一个大木销钉，将相关构件连结到一起。门簪有圆形、六角形、长方形、菱形、八角形等多种样式，常用的是六角形。门簪数量一般为 2 颗或 4 颗，有不做雕刻的，也有精雕细琢的。

各式门簪

各式门簪

下槛。下槛被崂山人俗称为“门缠”，是紧贴于地面的横木，也叫“门限”。

下槛

门枕。门枕是院门底部起到支撑门框、门轴作用的构件。门枕有石质的，也有木质的，崂山传统民居以石质门枕居多。以前的门没有铰链、合页等，靠门枕和连楹来固定门扇。门枕不仅能支承和平衡门扇，还可强固门框。门枕一般是长条形的，一头在门外，一头在门内，中间一道凹槽用于安置门的下槛。门内部分上面有一凹穴，供门轴转动之用。

石门枕

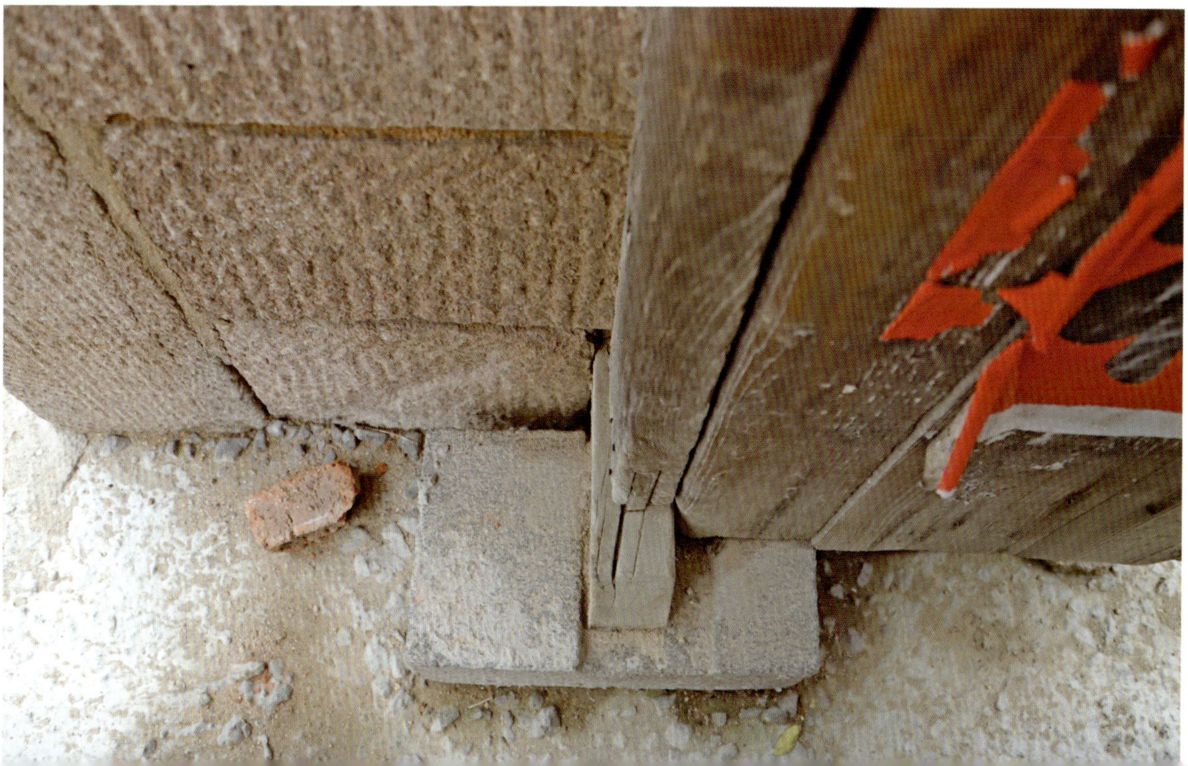

木门枕

节庆祈福装饰

对联又称“春联”“春贴”“门对”，是过年时所贴的红色喜庆元素“年红”中的一个种类，表达了劳动人民辟邪除灾、迎祥纳福的美好愿望。

对联

过门贴

室内门上贴对联、“福”字

崂山民居的院门两侧的墙上挂有一种俗称“挂炉”的香炉，为春节时烧香所用。挂炉多为陶制，其内侧为平面，便于紧靠在墙面或门框上。现在多用易拉罐等容器替代挂炉。

挂炉

挂炉

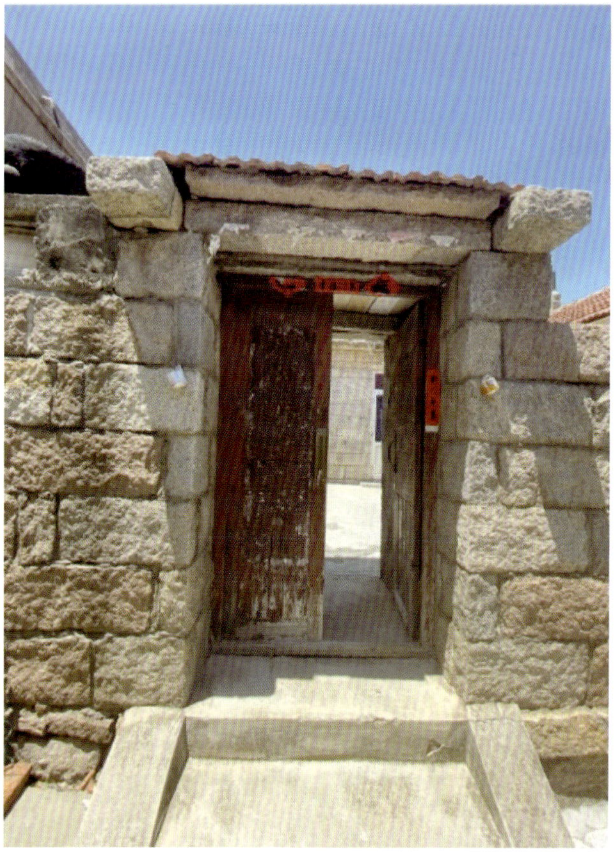

以易拉罐替代挂炉

崂山村落的街巷依山势地形起伏而伸展，过春节时，每条街巷、门楼拐角或尽头处，都要张贴写有“出门见喜”的条幅，到处能见到“福”字。此外，还有“新年大吉”“吉星高照”等装饰文字。

“出门见喜”“新年大吉”

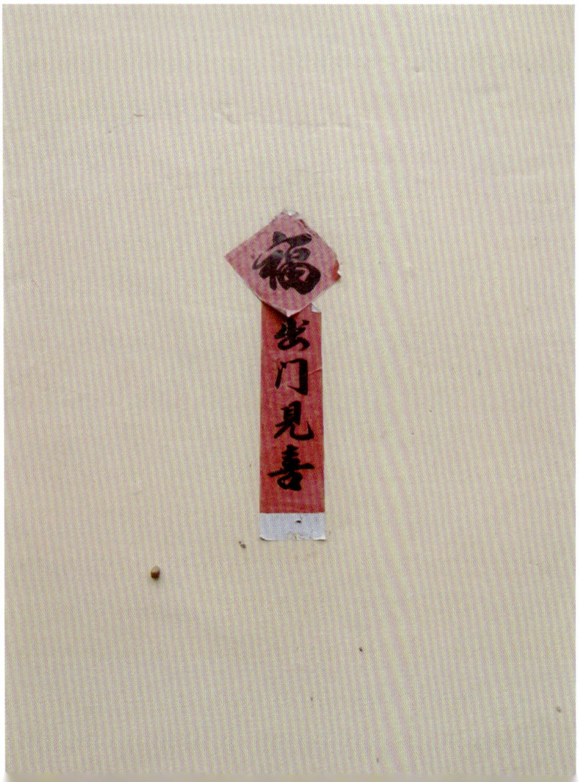

随处可见的“福”字

崂山民居在面向街道“路冲”处和朝向空地的墙上还有大量的砖石符语，一般为“泰山石敢当”“太公在此”“吉星高照”等，都是出于对“风水”的考虑，

“泰山石敢当”

“泰山石敢当”

“吉星高照”

“太公在此”

第三节　室内陈设

房间的功能、格局和大小决定了室内陈设物的种类、大小、样式及材料。一般来说，不同类型的房间有着不同的陈设形式。

崂山传统民居房间格局较为简单，主要有正（明）间的厅堂及厨房空间，东、西两（暗）间的卧室空间。正间南侧正中，开有较宽大的门洞，四边镶有木质粗大的门框；门框两侧各安一扇厚实的木板门。有人在家时，可将屋门敞开；出门时，将屋门关闭，并将顶上的铁制门链相交在一起，掛到门框上方的铁鼻子上，铁鼻子外面挂上铁锁锁好；夜里睡觉前，可从屋门内侧将木质“门关”插好关牢。

在崂山传统民居正（明）间的北墙（窗）下方，摆有方桌一张，桌上摆放饭具、食品。家中来贵客时，正北的方桌亦作为接待客人的饭桌。逢年过节（特别是春节），方桌则变为摆放祭祖供品的供桌，并在正北墙上展挂红席一张，红席外挂上宗谱。正间北侧东（西）墙角处放置水缸。家中使用的衣柜、箱、橱、凳、椅，都摆放于东、西两间的“炕旮旯”里，以备随用随取。

明间门口两侧大多砌有灶台，烟道分别通入东间和西间的大炕。少部分人家只设一个锅灶，没有灶的那间在炕底开口，盘一泥炉生火取暖。老宅子的锅灶大多用土坯砌筑，灶台上架有木质锅盖的铁锅，锅灶一侧配有风箱。中华人民共和国成立后，多用砖砌筑灶台，以水泥抹面或镶贴瓷砖。

土炕砌于暗间前窗下。旧时，通常一家人在土炕上放饭盘子或小方桌吃饭，吃完饭再将其拿走。现今大多数住宅翻新后已经没有土炕土灶，而是单设一间厨房，并安装有天然气和暖气，有单独的餐厅、餐桌，卧室家具样式与时俱进，生活质量大大提高。

老房子正间格局和陈设（灶台、桌子、水缸、饭橱等）

老房子正间格局和陈设（灶台、桌子、水缸、饭橱等）

废弃老屋里保存下来的土灶

抹过水泥外皮的土灶

传统灶台

正间锅灶烟火由烟道经东、西间火炕至屋顶烟囱排出，东、西两面锅台左下方或右下方留有风道，可安风箱。锅台上方常设一洞口放置炊具、调料，称为“碗窝”。有些人家在外墙上打一小洞，利用碗窝养蜜蜂。

壁橱碗窝

东间和西间是卧室。一般老人住东间，儿子和儿媳住西间。当西间无人居住时，一般作为储藏空间。

东、西两间的南墙上留有可以采光的窗户，窗下盘一土炕，土炕可睡觉、用餐、会客。北面地下俗称“炕旮旯”，用于安放衣橱、柜子、箱子、椅子、桌子等家具。

旧时，正间与东间的隔墙上多留一小方洞，称为“灯窝”。洞内可放油灯，这样一盏灯可为正间、东间两个房间照明，以节省灯油。也有人把它叫作“婆婆眼”，意为婆婆可通过此洞看到灶间媳妇干活。

传统民居的东间

传统民居的西间

衣橱、柜子

抽屉桌

供桌

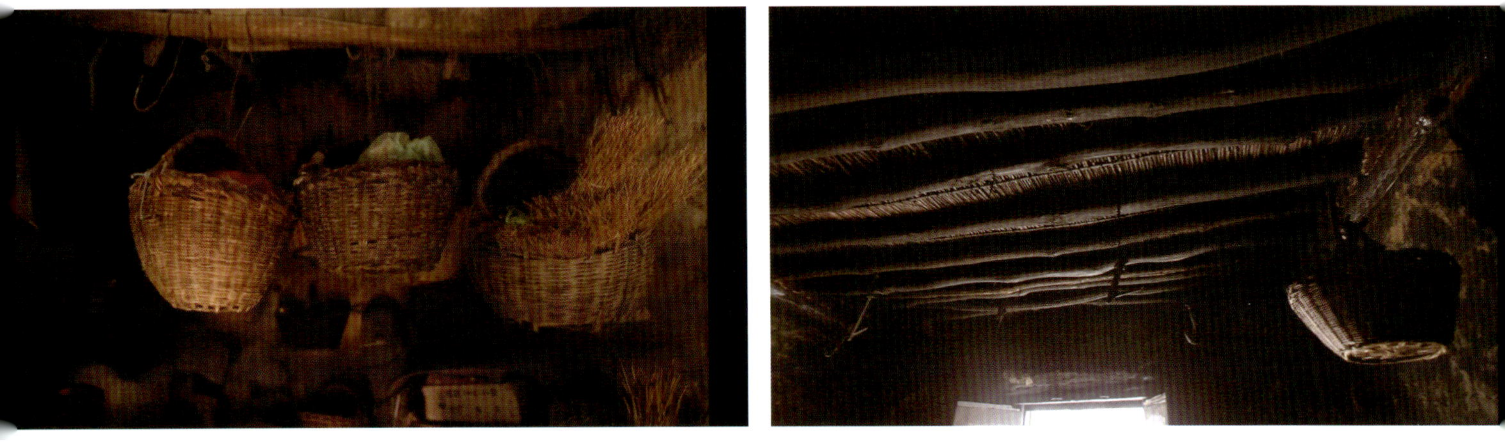

传统民居悬挂储物

第六章　公共设施

第一节　公共建筑

公共建筑是传统民居建筑的重要组成部分。崂山村落中的公共建筑多为满足祭祀、娱乐、集会和生活需求而建造，主要有祠堂、庙宇、学校等。

祠堂（家庙）

崂山人习惯将祠堂称为“家庙”或“祠庙”，是同族人共同祭祖的地方，多建于家族聚居地附近。祠堂一般选择村中最好的地方建设，也是村中建筑规格最高的房屋。旧时祠堂规模的大小、规格的高低，往往又被视作宗族是否旺盛的象征。中华人民共和国成立前，崂山几乎每个村都建有祠堂。建村历史悠久、有多个姓氏的村落，往往建有多个祠堂。中华人民共和国成立后，各村原来所建的祠堂多改作学校、村委会办公室等公共建筑。

西九水村的刘氏祠堂，又称刘氏家庙，于清顺治八年（1652）修建，是一座传统的三合院，也是整个西九水村唯一朝向为正南的建筑。2001 年，西九水村村民对刘氏祠堂进行了重新修建，将家庙的正殿堂、厢屋、大门楼及所有门窗按照老式样建造，正房庙堂为三开间，东西厢房也各为三开间。2009 年，刘氏祠堂被评为“崂山区文物保护单位”。

刘氏祠堂

洪园社区的苏氏祠堂于清道光年间修建，后经多次修缮，为崂山区文物保护单位。

苏氏祠堂

青山村的林氏祠堂，面积约50平方米，堂院西宽东尖而呈三角形。祠堂大门位于院子西侧，正中的匾额上题“西河一郡”，标示着林姓的发源。中华人民共和国成立后，林氏祠堂先后作为民兵队和生产队仓库使用，后正房因年久失修损毁。

青山村的林氏祠堂

唐家庄的唐氏祠堂

西登瀛村的杨氏祠堂旧址

西登瀛村的张氏祠堂旧址

修建于清光绪三年（1887）的何家村徐氏祠堂旧址

修建于光绪年间的何家村何氏祠堂旧址

大河东村的姜氏祠堂旧址

大河东的朱氏祠堂旧址

前登瀛村的王氏家庙旧址

前登瀛村的李氏家庙旧址

岭西村的王氏家庙旧址

段家埠社区的段氏家庙旧址

彭家庄社区的宋氏家庙旧址

石湾社区的曲氏家庙旧址

沟崖社区的臧氏家庙旧址

沟崖社区的侯氏家庙旧址

北宅科村的姜氏家庙旧址

下葛场村的姜氏祠堂旧址

村庙

崂山各村落中的庙宇多为村民自发建造的小型公共建筑，常见的有关帝庙、土地庙、龙王庙、妈祖庙、天后宫等。

段家埠社区的关帝庙旧址

山东头社区的北庙旧影

小河东村的关帝庙（又名老爷庙）旧址

青山村的土地庙旧址（已改建）

港东村娘娘庙，亦名天后宫，始建于清乾隆四十四年（1780），1920年重建，后多次修缮。有殿堂三间，祀天后圣母，为单檐硬山式建筑，为区级文物保护单位。

南姜社区的海庙

张村社区的常在庵旧址

西山村北的土地庙

大石头村的土地庙

东九水村的财神牌位

学校

与现在学校的建筑相比，过去崂山的学校建筑样式和建筑工艺与传统民居相似，多为石砌、两面坡顶建筑。

原沟崖小学(20世纪30年代建)

原张村小学（1934 年建）

原西九水小学

原龙口小学

原华严寺小学

原董家埠小学

原孙家小学旧址

大牌坊

牌坊是纪念性建筑物，旧时多用来表彰德孝节义的人物。也有一些宫观寺庙以牌坊作为山门，还有的用来标明地名。崂山村口的石牌坊，一般为中国特有的门洞式建筑，由底座、立柱、额枋、字板四部分组成。用花岗岩制作的牌坊工艺精湛，浮雕精美。

白沙河河谷附近华阴村的牌坊旧影

青山渔村的牌坊

张家河村的大牌坊

晓望村的大牌坊

港东妈祖庙的大牌坊

其他公共建筑

在王哥庄街道港西村有一四合院，东南角为一碉房楼，平顶两层，用花岗岩砌成，可作瞭望、防御之用。此种建筑形式在崂山传统民居建筑中极为罕见。

王哥庄街道港西村一四合院

北村社区知青楼旧貌

朱家洼社区知青屋旧貌

山东头社区理发店旧貌

石老人社区原渔业队旧房

返岭村原水产用房

青山村原杀猪房

第二节 生活设施

崂山常见的传统生活设施主要有石碾、石磨、水井、上马石、拴马石、排水沟等。

石碾

石碾是传统的生产工具，由碾盘、碾砣、碾框、碾管芯、碾棍等构件组成。人们依靠人力、畜力使碾砣做圆周运动，对粮食进行破碎去壳等初步加工。在崂山，每个宗族都会在村里街角巷道的开阔地放置一个石碾，供族人使用。

青山村的石碾

西九水村的石碾

石磨

石磨在旧时是人们生活中一种重要的粮食加工设施，可用来将米、麦、豆等粮食加工成粉或浆。

石磨

青石磨

大桥村的石磨

磅石村的石磨

水井

水井是村民赖以生存的生活设施。

磅石村的古水井

南北岭村的老水井

王家村的老水井

钟家沟社区建于 1930 年的水井

西陈社区的老水井

雕龙嘴村的水井

返岭村的水井

凉泉村的水井

村民家中的压水井

上马石

以前大户人家在宅门前常设置两块不加雕琢的青石或花岗石，一块为上马石，一块为下马石，下马石因语言禁忌，故同称上马石。

大门两侧的上马石

上马石

拴马石

临街墙上，镶嵌有“鼻梁”的石块，可用来拴马、骡、驴，称为拴马石。

前登瀛村老房子的拴马石

松山后社区的老房子、拴马石

西九水村老房子的拴马石

排水沟

旧时，崂山传统民居的排水系统一般是顺应地势的自然状态，生活污水通过院墙上的排水口排到院外，流入院外的排水沟里，顺着街巷流向低处。

崂山传统民居的排水沟

崂山传统民居的排水沟

崂山传统民居的排水沟

图书在版编目（CIP）数据

崂山区图志. 传统民居卷 / 青岛市崂山区档案馆，中共青岛市崂山区委党史研究中心，青岛市崂山区地方史志研究中心主编. -- 青岛 : 中国海洋大学出版社，2022.12
ISBN 978-7-5670-3344-3

Ⅰ. ①崂… Ⅱ. ①青… ②中… ③青… Ⅲ. ①民居-建筑艺术-崂山区-图集 Ⅳ. ①K295.23-64

中国版本图书馆CIP数据核字(2022)第234313号

出版发行　中国海洋大学出版社
社　　址　青岛市香港东路23号　　　　邮政编码　266071
网　　址　http://pub.ouc.edu.cn
出 版 人　刘文菁
责任编辑　孙宇菲　　　　电　　话　0532-85902349
电子信箱　1193406329@qq.com
印　　制　青岛泰兴印刷有限公司
版　　次　2022年12月第1版
印　　次　2022年12月第1次印刷
成品尺寸　210 mm × 285 mm
印　　张　20.75
字　　数　220千
印　　数　1~1000
定　　价　268.00元
订购电话　0532-82032573(传真)
